ROME

&

SES SEPT MONTAGNES

OU BIOGRAPHIE PHYSIQUE ET MORALE

DE LA

VILLE-ÉTERNELLE

PAR

PIERRE VACHOUD

> *Salve, magna parens.... Saturnia tellus.*
> « Salut ! ô terre romaine, notre illustre patrie
>   à tous ! »
> (Virgil. Georgic. lib. II.)

ANNECY
J. DÉPOLLIER & Cⁱᵉ, IMPRIMEURS
—
MVIIILXXII

ROME

&

SES SEPT MONTAGNES

ROME

& SES SEPT MONTAGNES

OU BIOGRAPHIE PHYSIQUE ET MORALE

DE LA

VILLE-ÉTERNELLE

PAR

PIERRE VACHOUD

Salve, magna parens..., Saturnia tellus.
« Salut! ô terre romaine, notre illustre patrie
à tous! »
(VIRGIL. Georgic. lib. II.)

ANNECY

J. DÉPOLLIER & Cie, IMPRIMEURS

MVIIILXXII

AFFECTIONNÉ LECTEUR,

Mon séjour assez prolongé à Rome (partie de 1866-67) avait enrichi mes tablettes de nombreux et riches produits fournis par l'histoire, l'archéologie, la biographie et la topographie locale. Ma grande préoccupation, au retour, fut de distribuer ma précieuse collection entre mes concitoyens en vue desquels je l'avais faite.

Je dus commencer par la publication des études spéciales que j'avais faites à la source même, sur le cardinal Gerdil ([1]), sommité de nos illustrations savoyardes. Ce n'était là qu'un échantillon, et j'étais possédé de la même ardeur à épuiser toute ma valise en même temps. Mais ma pauvre escarcelle, revenue étique, me montrait ses membres décharnés, et il fallait bien la laisser se refaire tant bien que mal. En attendant, je publiai successivement et coup sur coup, dans une feuille périodique ([2]), mes observations et mes impressions de voyage, sous le titre de : *Souvenirs de Rome*. Cette publication occupa seize à dix-sept

---

([1]) Voir la Notice intitulée : *Extraits inédits de la correspondance et des manuscrits du cardinal Gerdil, déposés dans le Collège de San Carlo in Catinari, à Rome*.
([2]) *La Semaine Religieuse de Savoie*.

numéros. Le premier souvenir était naturellement consacré au plus grand et au plus beau monument de l'univers : Saint-Pierre de Rome. Il parut en trois fois dans le journal, et comptait environ une douzaine de pages. En 1869, je résolus de transformer cette production si imparfaite en corps d'ouvrage ; tout en me voyant réduit à éliminer beaucoup de documents précieux, et pour bonnes raisons, je parvins à l'élever à 112 pages in-8° (¹).

Ces deux publications n'avaient fait qu'alléger mon trésor scientifique, encore assez lourd pour m'écraser comme un remords. La Providence, dont la main ne s'épuise pas, m'a-t-elle dit, comme à mon patron, de jeter sans crainte le filet?... J'ai cru et je l'ai jeté.

Donc, après avoir soigneusement révisé, corrigé et augmenté de plus d'un tiers cette première publication de mes *Souvenirs*, j'ai rédigé le tout en forme de volume.

Ce travail, dicté par un sentiment de pur patriotisme, est un tableau à double face; au premier plan, il fera passer sous vos yeux, comme un appareil d'optique toujours à votre disposition, le spectacle grandiose et unique des merveilles accumulées par le génie et les âges dans l'enceinte de la Grande-Cité, dont la destinée providentielle était la domination perpétuelle de l'univers entier sous deux formes si tranchées : le paganisme et le christianisme :

(¹) Ouvrage intitulé : *Le moderne Capitole ou Saint-Pierre de Rome, etc.*

« *Tu regere imperio populos, Romane, memento.* »

Au revers de ce tableau, vous trouverez la physionomie morale du peuple héros, telle que l'a faite la seconde période de sa domination : la croix du divin Réparateur, plantée depuis plus de dix-huit siècles sur ce rocher si célèbre du Capitole, du haut duquel Jupiter, symbole de la force brutale, tint les nations courbées pendant la moitié des âges sous les sinistres lueurs de ses foudres, et qui, aujourd'hui, est couronné par le sceptre de la mansuétude qui incline les intelligences et fait vibrer les cœurs sous l'impulsion de la foi et l'influence de la charité.

A tous ces titres, ce recueil est un Album de famille. Les matériaux de trois volumes, collectionnés en moins de deux mois et demi, dont trois semaines, au moins, consacrées aux manuscrits du cardinal Gerdil, doivent avoir fait bien minime ma part de flânerie. Mais ce n'est pas tout.

Le R^d P. Vercellone, recteur des Barnabites de *San Carlo ai Catinari*, où se trouve le dépôt des célèbres manuscrits Gerdiliens, m'avait donné la vie, en italien, de notre illustre savant. Je l'ai traduite en français, en y ajoutant une précieuse collection de notes authentiques prises sur place, et formant une seconde partie. Ce travail, qui comptera quelques centaines de pages in-8°, est tout prêt à être livré à l'impression ; mais le manque absolu de ressources financières condamne ce manuscrit à une réclusion dont il ne peut prévoir le terme. Ici encore, comme pour ses aînés, je compte sur la main féconde du Souverain dispensateur de *tout don parfait*, tendant à faire glorifier son nom par toute œuvre d'édification.

Lecteurs qui serez tentés de savoir le plan que j'ai suivi dans ce travail, demandez-le au chasseur et à la glaneuse, dont l'un jette dans sa gibecière le premier gibier abattu ; l'autre, dans son tablier le premier épi trouvé.

La division de mon livre suit naturellement le pêle-mêle de mes pérégrinations à travers les rues et les montagnes de la Ville-Eternelle ; chaque étape formera un chapitre intitulé du nom de *Tableau*. Ces peintures descriptives seront au nombre de quatorze, dont douze ont été publiées comme il a été dit ; je les donne ici dans l'ordre où elles ont paru : quant aux deux dernières, elles voient le jour pour la première fois.

Je dois ajouter que, sur les douze premiers Tableaux, deux, le Janicule et le Capitole, se subdivisent, le premier en trois, le deuxième en deux numéros.

Inutile de notifier que les éléments de cette Notice, puisés à leurs sources, sont de la plus scrupuleuse exactitude.

Selon un sage proverbe : « toute aumône n'est pas de pain, » Saint-Pierre donna ce qu'il avait en guérissant l'infirme ; comme lui, je donne ce que j'ai. « *Quod autem habeo, hoc tibi do.* »

Annecy, ce 25 juillet 1872.

Pierre VACHOUD.

ROME
ET
SES SEPT MONTAGNES

TABLEAU I

LE VATICAN — PALAIS — JARDIN — PERSONNEL.

Ce serait l'affaire d'un volume que le résumé, même en gros, de l'étendue et des magnificences du Vatican. Vu du sommet de la miraculeuse coupole de Michel-Ange, dont la croix le domine de 300 pieds encore, ce palais, par la multiplicité de ses ailes, de ses cours, de ses bâtiments extrêmes, qui en sont comme les faubourgs, ce palais, disons-nous, offre l'aspect d'une petite ville. Nous nous garderons bien de nous aventurer dans des détails que nous serions bien vite obligé de laisser en chemin. Jetons un coup d'œil rapide ici, comme nous l'avons fait en réalité.

Le Vatican, gigantesque panthéon de toutes les créations du génie, des sciences et des arts, abritant la plus grande puissance qui soit sous le soleil, puisque Dieu n'a dans le monde qu'un plénipotentiaire, cette demeure qui, comme la basilique qui le domine, n'a pas son égale dans le monde, renferme (nous n'osons émettre le mot, bien que nous tenions la réalité de source sûre) 11,700 chambres. Là se trouve la célèbre *chapelle* Sixtine, connue de l'univers entier par sa fresque effrayante du Jugement dernier, par le célèbre Michel-Ange Buonarotti. Cette fresque, qui offre déjà quelques traces de détérioration dans les nuances, occupe tout le mur du fond, derrière le maître-autel; sa hauteur est d'environ 25 mètres.

Au sommet du tableau apparaît le groupe des trois personnes divines, dont le Fils, juge *des vivants et des morts*, occupe le centre, tenant sa croix de la main gauche : tout près se trouve la Sainte Vierge dans une attitude suppliante, et semblant encore vouloir exercer sur son fils une influence désormais impossible, en faveur des coupables. A mesure que ces malheureux reçoivent la sentence fatale, ils s'éloignent par groupes, et commencent aussitôt à tomber, la tête en avant, vers la barque où Carron les entasse pour les précipiter dans les fournaises placées à quelque distance, et dont on aperçoit les sinistres lueurs et les flammes tourbillonnantes. On ne peut échapper à un frisson de pitié, en voyant quelques-unes de ces victimes des vengeances célestes, s'accrocher, en quittant la scène du jugement, à la robe de Celle qui fut autrefois leur Mère, ou aux vêtements d'un Saint dont ils ont peut-être porté le nom !

Une *antichambre* d'égale étendue, sépare ce sanctuaire de la chapelle Pauline.

Les musées du Vatican sont d'une incroyable variété. Nous nous sommes contenté de parcourir l'interminable galerie occidentale, longue de plus d'un demi-kilomètre, bordée de chaque côté d'antiquités funèbres. C'est à droite, un assemblage infini de statues de dieux païens, de héros, les unes entières, les autres mutilées; de trophées, de tronçons de pyramides, d'armes, d'inscriptions, etc. Le rang de gauche est tout consacré aux antiquités chrétiennes des premiers siècles; ce sont également des symboles de la foi, des emblèmes, des inscriptions, des aspirations, des prières, des adieux; les vases lacrymatoires y sont innombrables.

Quant à la bibliothèque, elle est répartie en deux immenses établissements : celui des livres et celui des manuscrits. Nul ne peut les visiter que sur une permission écrite du cardinal Matteucci. Bien que ne l'ayant pas encore, je fus, par faveur, admis à visiter la salle des manuscrits; mais je fus fort déçu dans mes espérances. Tout est renfermé et fermé à clef dans deux rangs de coffres en bois précieux dit acajou; de façon que l'on ne peut rien voir qu'en le désignant d'avance (et comment désigner ce dont on n'a pas d'idée?). Toutefois le guide m'ouvrit gracieusement deux ou trois de ces armoires, et me montra comme curiosité dominante une bible grecque du IVe siècle, la plus ancienne connue, nous dit-il: puis un Virgile manuscrit du VIIIe siècle; enfin, comme une haute rareté, un Office de la Vierge (della Madona) magnifiquement relié, don particulier de Pie IX; ce volume est manuscrit.

Le chiffre des manuscrits du Vatican, d'après notre cicerone, dépasse 47,000.

J'avais sollicité de S. Em. le cardinal préposé aux bibliothèques, la permission de visiter la bibliothèque des livres; mais, vu leur état d'invisibilité (car ils sont, comme les manuscrits, emprisonnés dans leurs coffres), et un peu distrait par mes occupations, je laissai mon acte de licence au Quirinal où demeure le cardinal Matteucci. Je dirai, en passant, que le Quirinal est à près de 3 milles (une heure) de distance du Vatican.

Je vais dire un mot des célèbres jardins, dont l'entrée n'est accordée que par une permission expresse d'un cardinal (le cardinal Antonelli, si j'ai bonne mémoire). Ma qualité de *forestiere* (étranger), et surtout de *francese*, prévalant sur les consignes, m'exempta de cette formalité, et le portier des jardins m'ouvrit avec une bienveillance que j'ai reconnue et gardée dans mes souvenirs.

Pour aller aux jardins, il faut sortir de cette *ville* du Vatican. On traverse une avenue longue d'un demi-kilomètre, au bout de laquelle est un vaste assemblage de bâtiments qui se rattachent au palais; là est le portier. Dès qu'on est introduit, on tourne au couchant par une allée en sable fin, large de plus de 20 mètres, et longue de 100 au moins. On gravit alors, par des allées sans fin, vrai dédale à s'égarer, une véritable montagne offrant les aspects les plus variés, souvent les plus sauvages. Arbres de toute espèce; chênes gigantesques décrépits, plusieurs vous menaçant d'une chute subite; broussailles coupées de bouquets de verdure et de fleurs au cœur de l'hiver (c'était en janvier); clairières semées d'obélisques anciens, penchés, tronçonnés, ainsi que des statues de saints, de papes, de personnages célèbres de Rome antique et moderne; de croix, d'emblèmes, de grottes naturelles; de fontaines, etc. A mi-côte, derrière

Saint-Pierre, nous contemplâmes avec étonnement une cascade de douze déversoirs, tombant dans un bassin semi-circulaire en marbre; cette cascade, en roches artificielles, est surmontée d'un aigle offrant plus de 4 mètres d'envergure.

Cette montagne est élevée de 100 mètres au moins au-dessus du niveau de la place Saint-Pierre; cette colline est le mont Vatican, isolé entre le Monte-Mario au nord, et le Janicule au midi.

Au pied de cette montagne, et attenant au palais, se déroule le jardin plat; c'est un carré de plus de 200 mètres. Sur deux de ses côtés, règnent deux promenades d'inégales largeurs; celle qui longe la montagne est de moitié moins large que celle par laquelle on entre. Ces deux allées dominent ce carré de 10 mètres au moins. Au milieu du jardin, couvert de plantes méridionales, est un jet d'eau à cinq ouvertures; celle du milieu domine les quatre autres; toutes retombent dans un bassin de 20 mètres de diamètre en marbre blanc. Tout près est un magnifique palmier; sa hauteur est de plus de 14 mètres. Tout le côté adossé à la montagne est occupé par une serre monstre.

Quant aux deux autres côtés du carré, ils sont bordés d'orangers que l'on compterait par centaines. Cette forêt d'arbres, dont quelques-uns ont plus de 12 mètres de haut, couverts de fruits, de verdure, de fleurs en janvier, offre un spectacle délicieux. Ces bosquets embaumés, me parurent un gigantesque encensoir de la Basilique Vaticane située à 100 mètres plus bas.

Un mot du personnel du palais. Les gardes qu'on appelle *Suisses* (et ils sont tous à peu près de cette nation) sont au nombre de 95; vous les voyez, sous leur costume jaune bariolé de noir, en culotte, et la pique en main, au pied, à chaque rampe, au sommet de chaque escalier. Chaque garde fait deux heures de service et cela tous les deux jours. Ils vivent dans le palais; leur paye est de 50 fr. par mois avec la nourriture. Chacun a son cheval. A la fin de leur engagement, le gouvernement leur fournit une place. La moitié des suisses fait son service au Quirinal, en alternant.

Les gardes-nobles sont 50 en tout; ils habitent le Quirinal, et ont pour colonel le prince Barberini. Chaque garde-noble à 50 écus (scudi) par mois; les officiers 100 scudi, et le colonel 200.

Il y a 60 chevaux au Vatican; — 36 soit domestiques, soit *facchini* (hommes de peine). Le Quirinal entretient le même nombre de coursiers : 120 chevaux pour les deux palais.

TABLEAU II

LE PINCIO — LA VILLA BORGHÈSE — L'ACADÉMIE FRANÇAISE.

Le Pincio, une des collines les plus élevées de Rome, est situé à l'extrémité nord de cette grande ville : il domine immédiatement la *Porta et la Piazza del Popolo* dont nous parlerons aux n⁰⁸ x et xiii.

A l'extrémité N.-E. de cette vaste et magnifique place *del Popolo*, deux chemins se présentent pour y monter. Le premier, consacré aux voitures, fait un circuit de 1 kilomètre, passe devant l'Académie française, et revient aboutir en pente douce au sommet de la montagne. Les gens à pied, et c'est une procession incessante d'allants et de venants, prennent un sentier, vaste allée sablée, de plus de 2 mètres de large, coupée en quatre rampes ; on arrive directement ainsi sur une plate-forme soutenue par des murs de 12 mètres de haut. De cette terrasse on jouit d'une des vues les plus étendues et les plus séduisantes de Rome ; toute la ville est étendue sous vos pieds, allant, du nord au sud, se prosterner devant l'immense cercueil de son aînée, dormant de son profond sommeil sous la noble poussière de ses sept collines. En face, un peu à droite et à 4 kilomètres, s'élève la montagne élevée *del Mario*, couronnée de maisons de campagne, et de grosses constructions de ferme. Vers le couchant, la longue chaîne du Janicule avec ses ondulations, ses vallons, sa *Porta S. Pancrazio*, sa fameuse fontaine Pauline à Montorio, et allant expirer au midi sur les immenses jardins du Tibre, à la hauteur de l'*Aventin*. Mais toutes ces collines, toutes ces montagnes, tous ces hauts monuments, tout cela est écrasé, humilié, anéanti sous la masse colossale de la coupole de Saint-Pierre, qui domine tout à une inconcevable hauteur.

Le Pincio est la promenade aristocratique de Rome : elle est constamment couverte de brillants équipages ; les voitures font le tour de la colline, le long des terrasses, soit sur les bords ; car, excepté vers le sud, où s'ouvre la route, toutes les extrémités de cette montagne sont abruptes, et offrent, surtout au nord, des restes énormes de murs antiques servant de fortifications.

Le sommet du Pincio est un vaste plateau uni, de forme un peu ovale, offrant 1 kilomètre carré de surface. A part quelques allées droites qui en forment la division en compartiments sommaires, c'est un dédale de sentiers sinueux larges de 2 mètres, bordés de bosquets, ou y aboutissant. Ces bouquets de verdure, de fleurs, en pleine activité au cœur de l'hiver, d'arbustes méridionaux presque tous exotiques, sont toujours animés par des groupes de visiteurs. Les allées droites, de 4 mètres de large, sont bordées, de chaque côté, de statues des hommes célèbres, dans tous les genres, de Rome antique et de la cité actuelle : on les compterait par centaines. Nous avons remarqué, entre autres, les bustes de Cicéron, à la figure pleine, large, nez aquilin, grosses lèvres, front vaste; Virgile, aux cheveux bouclés, et offrant une figure jeune et délicate, on le prendrait pour une tête de vierge; Horace, Juvénal; Raphaël, figure dans le sens de celle de Virgile, les cheveux flottants; les deux Pline; Jules César, figure cave, anguleuse, ridée; Michel-Ange Buonarotti, l'artiste aux effrayantes inspirations, le même qui a suspendu le Panthéon à 600 pieds dans les airs, figure large, longue barbe, yeux saillants, nez aplati, etc., etc.

Au milieu du plateau existe un jet d'eau retombant dans un bassin rond en marbre blanc, de plus de 20 pieds de diamètre. Plus près du bord, vers la *Porta del Popolo*, s'élève un obélisque de plus de 20 mètres, dressé par Pie VII. Tout à côté, on admire un magnifique palmier mesurant plus de 70 palmes ([1]), et deux autres encore tout jeunes. De temps en temps on trouve des bancs. Dans une allée réservée, sont rangées quelques vingtaines de chaises en bois tressé, pour l'usage desquelles on paye un tarif, 4 *baiocchi*, croyons-nous. Des chênes-verts en grande quantité forment les grands ombrages. Tout ce labyrinthe est journellement occupé par des groupes, souvent dorés, de curieux. A l'extrémité se trouvent des restaurants, châlets-cafés montés sur un pied splendide; puis, une vaste habitation, maison de campagne de l'Académie française.

En descendant du côté de la *Trinità dei Monti*, on passe à côté de ce vaste établissement, situé à mi-côte, à gauche. La cour est un vrai musée d'antiquités. Ce célèbre Athénée portait sur son fronton les armoiries de

---

([1]) 58 pieds.

l'empire français ; il est surmonté de deux hautes tours. Il est séparé de la *Trinità dei Monti* par une avenue large de plus de 20 mètres et longue de plus de 100.

Sortons maintenant par la Porte du Peuple. Après l'avoir dépassée, on trouve immédiatement trois portiques qui donnent entrée à l'avenue en demi-cercle qui conduit à la célèbre villa Borghèse, la plus vaste et la plus splendide des résidences princières hors de la ville. Nous renonçons — car il faudrait un volume — à décrire les magnificences et les gigantesques désordres de cette possession, de l'étendue d'une de nos petites communes. C'est tout un travail du chaos, et tous ces égarements de l'imagination voulant essayer ses forces, rentrent, en fin de compte, dans l'exécution d'un plan unique. Bosquets, forêts ([1]), allées droites, sentiers se perdant au pied d'une montée, ou se repliant quatre fois sur eux-mêmes ; rochers abruptes, cascades, étangs, grottes, cavernes, arbres gigantesques, restes de temple et de palais antiques ; jets d'eau, immenses prairies, colonnes, statues, tronçons des unes et des autres... rassemblez tout cela, et vous aurez une idée de la villa Borghèse située au pied nord-est du Pincio, qui la domine à une hauteur de plus de 40 mètres.

([1]) J'ai vu là un cèdre aux énormes proportions.

TABLEAU III

LE TRANSTEVERE.

La partie de Rome qui est assise sur la droite du Tibre (*il Tevere*), se nomme *il Transtevere* ou *Trastevere*, parce que, pour la ville proprement dite, ce vaste quartier se trouve au-delà du fleuve, et en deçà pour nous.

Le Trastevere, autrement dit la cité Léonine, commence au *Mole* Adriano (Château Saint-Ange), qui en est le premier édifice. Cet immense bâtiment est de forme circulaire; sa circonférence dépasse 300 mètres; sa hauteur est d'environ 80 mètres. Au sommet, terminé en terrasse, apparaît la statue colossale, de plus de 8 mètres, de l'archange saint Michel, les ailes déployées et tenant une épée à la main. Le Tibre, fléchissant ici au couchant, laisse sur sa droite l'immense quartier del Borgo Nuovo, qui forme un triangle dont la basilique de Saint-Pierre est le sommet à l'extrémité nord-ouest de Rome. Au pied de la colonnade et à son commencement, s'ouvre au midi la rue interminable de la Longara, de 2 kilomètres en ligne droite sur la droite du fleuve. A la *Porta Settimiana,* elle prend le nom de *Longaretta,* laquelle traverse la masse du Trastevere, dont les rues et les places n'offrent que la symétrie du hasard. Tout ce pâté, dont plusieurs ruelles ne sont ni pavées ni gravelées, est d'un abord difficile dans les grandes pluies.

Le Trastevere forme le quartier le plus industriel et le plus animé de Rome : les habitants sont d'une vigoureuse complexion, grands, secs et nerveux. C'est là, dit-on, que s'est réfugié et que se conserve le type des anciens dominateurs des nations. La Longaretta échange son nom, après un mille de trajet, en celui de *Longarina* (déjà deux diminutifs de *Longara*). La Longarina aboutit à l'extrémité sud de la cité, à la *Porta Portese.*

Retournons sur nos pas, et saisissons d'un regard rapide ce qu'offre de curieux cette triple rue ou plutôt cette rue qui se brise en sept ou huit tronçons, depuis la *Porta Settimiana.* Dès qu'on l'enfile au pied *del Colonnato* de Saint-Pierre, on rencontre à gauche l'immense établissement de l'hospice des aliénés, dont la face sur la rue a plus de 80 mètres de long ; il renferme, nous dit le concierge, plus de six cents pensionnaires ; plus loin (toujours en revenant au sud), le pont suspendu sur le Tibre, construit depuis trois ans : sa longueur est d'environ 100 mètres. A droite, à 1 kilomètre, se trouve l'église du Bon-Pasteur, lieu de dévotion et de pélerinage ; l'affluence, surtout de la part du peuple, y est incessante. Ensuite l'église du Sacré-Cœur *detta di San Francesco di Sales*. Enfin, et près du bout de la *strada,* on longe le palais Corsini, un des plus vastes et des plus magnifiques de Rome ; sa façade, couverte de blasons et d'arabesques, a plus de 80 mètres ; ses jardins, à gauche, descendent jusqu'au Tibre ; en janvier, c'était une féerie de voir les forêts d'orangers qui les ombragent, entièrement jaunes de pommes d'or. Ses promenades et ses bosquets, à gauche, montent jusqu'aux deux tiers du Janicule.

Quant à la Longaretta, nous y trouvons d'abord, à droite, deux églises, dont l'une, vaste basilique, dédiée *Deiparæ Virgini* (¹) (à la Vierge mère de Dieu), au bord de la belle et grande place de Saint-Calixte, ornée d'un jet d'eau des plus beaux de Rome. Un immense bâtiment, aujourd'hui caserne des zouaves, fait face à cette place. Ensuite à gauche, l'église *di Santa-Margarita* et celle de *Santa-Agata*, d'une grande magnificence. Tout près et à droite s'élève le célèbre hospice de San-Gallicano, d'une étonnante longueur; on y recueille les personnes atteintes de maladies de la peau, et les *feriti* (blessés); leur nombre est de plus de 300. Du même côté, on admire la basilique (paroissiale) du monastère de San-Crisogono, de l'ordre des Trinitaires *déchaussés* (scalzi).

Cette basilique, élevée par le cardinal Scipion Borghèse, est une des plus vastes et des plus ornées que nous ayons vues dans Rome. De chaque côté, onze colonnes rondes de porphyre rouge séparent la grande nef des nefs latérales; le pavé est tout en mosaïque de marbre de toutes couleurs; quelques compartiments ne dépassent pas 2 centimètres. Le maître-autel est sous un dôme de la plus grande richesse. La sacristie possède de nombreuses reliques, dont plusieurs de saint Crisogone. Le P. Général nous montra un doigt entier de saint Jean-Baptiste. Nous avons vu là un tableau de

---

(¹) Dite *Santa Maria della Scola*.

sainte Agnès d'une expression qui nous frappa. Le monastère est attenant à l'église. C'est là qu'habite le R. P. Général de tout l'ordre des Trinitaires ou de la Rédemption des captifs, qui a pour fondateur saint Jean de Matha. C'est dans ce monastère, où se sont fixés à tout jamais nos plus beaux souvenirs, que nous étions logé pendant notre séjour à Rome l'hiver dernier. Nous revoyons dix fois par jour, dans cette maison hospitalière, la grave et sainte figure du P. Général [1], dont la bienveillance, l'angélique bonté et les prévenances nous adoucirent l'amertume du pèlerinage, l'isolement sur la terre étrangère, et qui nous a procuré des connaissances précieuses dont nous nous faisons un motif de gloire, et tant de faveurs insignes, notamment celle d'une entrevue que nous eûmes le bonheur d'avoir en particulier avec l'immortel Vicaire du Sauveur, Pie IX ! Et l'entrevue, et le personnage qui me la mérita, tout s'est identifié avec la substance de mon cœur.

Ce monastère compte une trentaine de religieux. Anges de la terre, sous forme humaine, souvenir intime aussi à vous tous!

Plus loin, toujours sur la droite, on trouve la basilique de *Santa Maria in Trastevere*. C'est un lieu de pèlerinage, renfermant une chapelle où l'on vénère plusieurs reliques. Cette église est d'une belle architecture et très-vaste. Tout à côté, on admire une construction aux proportions colossales, non encore achevée. C'est un édifice consacré

---

[1] Le P. *Antonio della Madre di Dio*. J'ai su dernièrement par son successeur, le R. P. *Benedetto della Vergine*, qu'il avait été appelé à la récompense des saints.

à la fabrication du tabac, une des grandes œuvres dont Pie IX a enrichi à profusion la Ville-Éternelle. Sur le frontispice on lit : « *Ædificium hoc foliis Nicotianis elaborandis extruxit Pius IX, pontifex Maximus, anno 1864.* » Sa façade a plus de 100 mètres de long.

Dans la *Longarina* on passe à droite devant la basilique *di San-Francesco à Ripa*, d'une riche architecture, et bientôt on longe à gauche un bâtiment neuf, dont la façade sur la rue offre un développement de plus de 250 mètres. C'est l'hospice de *San-Michele*, faisant corps aux vastes prisons et aux écoles de ce nom : c'est le plus grand établissement que j'aie jamais vu.

Enfin, au bout de cet édifice, on se trouve sur une grande place carrée qui se termine à la Porta Portese (¹), d'une magnifique structure; le mur qui porte la voûte a au moins 6 mètres d'épaisseur. A la sortie de cette porte, se présentent deux routes : celle de gauche, longeant le Tibre vers le Sud, conduit à Fiumicino, port de mer; l'autre, à droite, s'élève en pente douce d'abord, puis fort rapide, sur la montagne du Janicule; arrivée au point où la pente est très-raide, elle se brise en quatre rampes couronnées par deux terrasses demi-circulaires entourées de murs servant de bancs; c'est un des observatoires les mieux placés et des plus fréquentés pour contempler l'immense panorama de la capitale du monde, surtout de la cité qui fut autrefois l'univers. Le Trastevere dépasse de plus d'un mille le niveau de la ville actuelle au Sud; la *porta Portese* est en face du mont Aventin (*monte Aventino*).

(¹) Pointe extrême de la Ville, au midi, à *Ripa-Grande.*

TABLEAU IV

LE JANICULE — LA VILLA PAMPHILI — SAN PANCRAZIO.

N° 1.

La description que nous venons de donner du *Trastevere* (40,000 habitants environ), nous amène naturellement à dire deux mots sur le Janicule, au pied et sur le penchant duquel est assis cet important quartier de la Ville-Eternelle.

La montagne du Janicule, qui commence derrière la basilique de Saint-Pierre, décrit, à l'ouest de Rome, un arc mesurant plus de 6 kilomètres, dont la Longara, la Longaretta et la Longarina forment environ les deux tiers de la corde, depuis la fameuse colonnade de Saint-Pierre jusqu'à la *porta Portese*. Une route très-large longe le mur d'enceinte servant de fortifications, lequel se prolonge entre ces deux points, sur la crête de la montagne; sa direction est du N.-E. au S.-O. Cet immense boulevard a été le point de mire et le principal théâtre des combats acharnés qui signalèrent le fameux siège de 1849. Abrités derrière cette égide de plus de 5 mètres d'épaisseur, les républicains semblaient inattaquables, et défiaient les efforts des colonnes françaises sur lesquelles, au moyen de fréquentes embrasures, vomissait une grêle continue de boulets et de mitraille. Mais ces formidables barrières, comme autrefois les murs de Jéricho, s'abaissèrent devant la *furia francese*, qui avait à venger une foule de frères traîtreusement égorgés dans une première campagne. De distance en distance, les fortifications du Janicule laissent entrevoir des points blancs comme plaqués sur un fond gris-noir : ce sont les brèches ouvertes par l'artillerie française. Nous avons observé quelques-unes de ces pièces de raccommodage qui ont près de 8 mètres de long. Les plus larges portent partout cette inscription : « *Mœnia hœc, belli furore diruta anno 1849, restauravit Pius IX, pont. Maxim.*, et plus bas les quatre initiales S. P. Q. R. (*Senatus Populusque Romanus*) : (le Sénat et le peuple romain). » Cette muraille, qui offre à son sommet des embrasures fort rapprochées, est coupée en une quarantaine de carrés sortants et rentrants. Nous avons contemplé, dans les immenses jardins qui se prolongent depuis la route jusqu'aux bords du Tibre au S.-E., une maison, soit *podere* (ferme), presque entièrement abattue par les boulets ; une autre encore habitée, mais criblée de projectiles au dehors. On nous dit qu'il était défendu de rebâtir l'une et de restaurer l'autre.

A peu près au milieu et au sommet de la montagne se trouve la porte *San-Pancrazio*, qui avait été détruite sous les coups des assaillants : elle a été rebâtie par Pie IX, il y a une douzaine d'années. De chaque côté, outre les vastes corps-de-garde, sont établis les bureaux de l'administration militaire, et des octrois. La route de ville, sortant par cette porte d'une architecture grandiose, coupe le chemin dont nous avons parlé, celui qui longe les fortifications, et se bifurque en face de la villa Doria-Pamphili située sur le plateau occidental du Janicule, au sommet d'une colline. Ce palais, un des plus beaux des environs de Rome, renferme un mélange de tout ce que l'art a su unir à une nature agreste, parfois même sauvage : des bosquets d'orangers et autres plantes rares se trouvent là mariés à des forêts de pins. Cette immense campagne appartient au prince Doria, de Gênes, que le concierge nous désigna sous le nom de prince d'*Orient*. Il a associé à son nom celui de son épouse, issue de l'illustre famille Pamphili; il nous dit encore que ce prince était le plus riche de Rome après le prince Torlonia. Sur la *piazza di Venezia*, à Rome, nous admirâmes un des plus grands et des plus somptueux palais de la grande cité ([1]). A l'entrée de la longue avenue, là où le chemin qui descend de la porte *San-Pancrazio* se divise, on voit une vraie montagne artificielle de rochers énormes imitant le tuf; tous les passants s'arrêtent là un instant pour lire une page de l'histoire moderne. Ces blocs, qui cachent des cavernes, sont littéralement criblés de boulets qu'on peut encore compter par vingtaines; il y en a de toutes dimensions. La plupart sont fixés bien avant dans la pierre, les autres à fleur de surface; on les a plombés. Quant aux trous vidés, ou par des soustractions, ou parce qu'ils n'avaient pas retenu les projectiles, on y a mis d'autres boulets artificiels, et il est difficile, à moins d'explication, de

---

[1] Appartenant au même prince.

savoir quels sont ceux qui restèrent logés dans leur trou pendant le bombardement de 49.

Prenant le chemin de gauche, après 1 kilomètre de marche en pente douce, on arrive à l'avenue fermée qui conduit à la basilique de *San-Pancrazio*. Cette église est d'une architecture noble, mais d'une grande parcimonie de luxe. Entre deux colonnes, séparant la grande nef de la petite, à droite, on voit un escalier et à côté une plaque en marbre sur laquelle on lit : « *In aditu hujus catacumbæ decollatus est S. Pancratius, martyr* ([1]). » Et sur les frises du maître-autel, abrité sous un dôme aux colonnes de porphyre rouge : « *S. Pancratii aliorumque martyrum ossa in hypogœis olim condita hâc decentius recondita.* » A côté de l'église se trouve un monastère de religieuses dont le nom nous échappe. Dans les jardins traversés par l'avenue, les rosiers (à la fin de janvier) étaient chargés de fleurs, et présentaient de nouvelles pousses de 15 centimètres. A la mi-janvier, dans les vignes sans fin qui couvrent le versant méridional de la montagne, nous avons noté dans notre itinéraire que les amandiers (*mandolini*) et les abricotiers étaient en pleine floraison.

N° 2.

Depuis San Pancrazio on descend par le même che-

---

[1] « Saint Pancrace a eu la tête tranchée à l'entrée de ce souterrain. »
Cette basilique fut fondée en 274 par le pape saint Félix.

min qui, à travers un terrain tourmenté, conduit à la grande route de Fiumicino vers la mer. Les maisons, noircies comme nos vieux châteaux, percées de petites fenêtres carrées, aux toits presque plats en tuiles rouges et à deux étages très-élevés, sont rares. Sous les hauteurs de la villa Pamphili, on passe sous une énorme voûte sur laquelle sont suspendus les aqueducs qui amènent, les eaux qui alimentent la fameuse fontaine Pauline (¹), située sur le versant oriental du Janicule. On voit encore, le long de la route, des fragments très-étendus des aqueducs anciens, formés de petites briques, et enduits d'un ciment encore uni qui a défié la main des siècles. Le versant nord-ouest, depuis ces aqueducs, est couvert de bâtiments affectés aux tuileries; on dirait un gros bourg. C'est là, à 'a dernière déclivité, vers le quartier de Saint-Pierre, que se trouvent les interminables carrières de sable jaune; on s'en sert pour en semer les rues que parcourt l'équipage du Pape dans les grandes solennités.

Le versant de la montagne qui regarde la ville est parsemé de maisons de campagnes (villas) et de quelques palais, entre autres le palais Lante; de bosquets, de bois d'orangers et de vignes. Là se trouve la célèbre basilique de *San Pietro* in Mentorio, à plus de 160 mètres au-dessus du Tibre. Elle a été construite sur l'emplacement du lieu où saint Pierre fut crucifié. Dans une petite chapelle octogone construite par Bramante,

---

(¹) Du nom du pape Paul III, qui fit restaurer les aqueducs amenant cette eau d'une distance de plus de 55 kilomètres, et élever cet immense réservoir, surmonté d'une magnifique chapelle.

on voit le trou dans lequel fut planté la croix qui servit au supplice du prince des Apôtres; à côté et contigu à l'église, est un couvent de capucins au nombre de trente-six. Ce sont eux qui desservent la basilique et introduisent les voyageurs qui s'y pressent sans interruption. Au-devant est une vaste place au milieu de laquelle s'élève une croix en marbre blanc de 12 mètres de haut. Cette plate-forme est constamment couverte d'équipages souvent princiers, et est le rendez-vous des dévots et des curieux. C'est en effet le plus bel observatoire et le mieux situé pour contempler Rome antique et la cité des Papes, vû que vous êtes entre les deux, et que vous les dominez à vol d'oiseau. Derrière l'église et à 200 mètres plus loin, en montant vers l'ouest, apparaît la célèbre fontaine Pauline mentionnée plus haut. Cette masse d'eau, dont nous avons parlé plus haut, se déverse par cinq ouvertures ou plutôt par cinq cataractes dans un bassin circulaire en marbre blanc de plus de 20 mètres de diamètre. On la dit la plus abondante de l'univers. S'échappant par des canaux souterrains, cette eau fait mouvoir une vingtaine de moulins et autant d'usines.

N° 3.

Les pentes du Janicule au midi sont, jusqu'au Tibre, couvertes de vignobles et de jardins-campagne; car ici tout croit indistinctement avec un étonnant luxe de végétation. On y voit pêle-mêle la vigne, tous les légumes et même les céréales. Nous fûmes surpris de la variété des choux-fleurs violets, verts, noirs, blancs; on ne les récolte qu'au fur et à mesure qu'on en a besoin ou pour le ménage ou pour le marché. C'est un des mets favoris des Romains qui en font une énorme consommation, surtout en salade.

Combien de fois, par un soleil éblouissant et plus ardent au cœur de l'hiver qu'il ne l'est chez nous à la mi-mai, nous escaladâmes les hauteurs du Janicule, emportant un frugal dîner improvisé dans les cuisines en plein air, si nombreuses aux abords du *Ponte-Sisto*, et allâmes nous installer, pour le repas de midi, sur la haute plate-forme de *San-Pietro in Montorio* ou à 2 kilomètres plus loin, sur la pelouse qui borde le chemin de San-Pancrazio. Le souvenir de l'antique frugalité romaine transformait en festin ma modeste réfection, assiégée non pas par les harpies de la fable, mais par des nuées de mouches. Souvent, sous la villa *Pamphili*, assis sur le gazon, un soleil de feu me forçait de chercher l'ombre sous un orme, partageant ainsi la situation d'Enée et ses compagnons : « *Corpora sub ramis deponunt arboris altœ.* »

Mes regards se promenaient éblouis sur l'immensité des campagnes ([1]) romaines; du côté du *Latium* (mot qui vient de *latere*, se cacher, parce que Saturne s'y était réfugié, fuyant le courroux de Jupiter son fils), j'avais un horizon de plus de vingt lieues, espace où je ne puis pas compter trente arbres et vingt maisons. Au levant,

---

([1]) Voir à ce sujet la brochure intitulée : *Le Moderne Capitole ou Saint-Pierre de Rome*.

s'étalaient sur la pente des montagnes de la Sabine, Tivoli au nord-est, Palestrina et Frascati au levant, Genzano, Rocca di Papa, Albano au sud-est.

D'après Virgile, le nom de Janicule vient de Janus, qui aurait bâti sur cette montagne une ville dès longtemps ruinée. Numa Pompilius fut enterré sur cette montagne. *Huic (urbi) Janiculum nomen.*

TABLEAU V

LE CAPITOLE (CAMPIDOGLIO) — L'ARA-CŒLI — LA ROCHE TARPÉIENNE — LA PRISON MAMERTINE.

―――

N° 1.

Lorsqu'on a quitté la rue de la *Longaretta* qui va se terminer sous le nom de *Longarina* à la Porta Portese, à l'extrémité méridionale du *Transtevere* (droite du Tibre, *Tevere*), on descend à travers des rues tortueuses souvent sans pavé, sur la place Molara, et on enfile un premier pont très-ancien, au bout duquel on trouve un quartier soit une rue de plus de 250 mètres de long, bâti sur une île du Tibre, dont chaque bras est aussi large que le fleuve entier avant de se diviser. Passé cette rue on retrouve un autre pont de même longueur que le premier, aboutissant sur la *piazza Montanara*, rendez-vous et marché aux ouvriers. C'est là que commence, en pente douce, la montée tortueuse du Capitole à travers un monde de vendeurs de fruits et de scribes en plein air, qui, munis de tas de papier, sont occupés par métier à faire les lettres de ceux qui n'ont ni la commodité, ni le temps, ni le savoir pour se servir eux-mêmes. Après ce parcours, on se trouve sur la vaste place de l'*Ara-*

Cœli, aboutissant au pied du magnifique escalier qui conduit sur l'esplanade de la prestigieuse montagne. Cet escalier, qui a près de 10 mètres de large, est asphalté et coupé de gradins de marbre blanc, de deux en deux mètres de distance. Arrivé au sommet, vous voyez deux statues en marbre blanc bruni par les siècles; celle de droite est Castor, celle de gauche Pollux, tenant chacun un cheval de même matière, par la bride. A quelques mètres plus loin, la place devient circulaire; au milieu s'élève la statue équestre et colossale de Marc-Aurèle; c'est la seule de ce genre à Rome qui soit en airain; le groupe est noir comme charbon. De chaque côté règne un palais d'une architecture imposante et de même dimension. La place circulaire se continue par une vaste place carrée qui se prolonge jusqu'au pied du palais capitolin, logement du sénateur de Rome et dépôt des archives. Un balcon très-élevé s'étend sur toute la longueur du palais municipal. Au milieu et au pied du mur apparaît un bassin semi-circulaire en marbre blanc, de 15 mètres au moins de corde, alimenté par une source fort volumineuse; au pied du bassin sont couchées deux statues énormes d'hommes de 18 mètres de taille. Le palais a la largeur de la place, moins les deux passages en gradins pavés en marbre blanc qui, des deux côtés du palais, descendent directement au célèbre Forum, commençant au pied opposé, soit S.-E. dudit palais, pour aller finir au Colisée (*Collosseo*). L'escalier qui nous a amené sur la plate-forme et les deux escaliers qui descendent au Forum, sont à peu près les mêmes quant à la hauteur; pourtant le Forum a quelques mètres de plus que la place Montanara.

Mais nous n'avons pas encore la hauteur totale de la montagne, dominant de 200 mètres au moins le niveau du Tibre. De chaque angle de la plate-forme ci-dessus commencent deux montées de 25 mètres, en gradins de marbre; celle de droite aboutit sur un vaste plateau occupé par un faubourg, et donne accès aux jardins qu'il faut traverser pour aborder la fameuse et symbolique roche tarpéïenne (*rupe*, ou *rocca Tarpea*). Un concierge a les clefs de ces trois ou quatre jardins, qu'il vous fait parcourir au moyen d'une rétribution *ad libitum*.

Le dernier de ces jardins effleure la crête du roc historique, dont quelques parcelles dépassent le niveau du sol de 35 centimètres environ. Cet énorme bloc vertical est parsemé sur toute sa surface, de protubérances soit saillies offrant, pour quelques-unes, jusqu'à 0^m 18 de long. Ces aspérités semblent indiquer qu'elles sont d'une matière plus dure que le corps de la paroi, qui aurait été corrodée d'autant sous l'action des siècles, dont toute cette surface porte la teinte.

Quant à la hauteur de la *Tarpea*, il ne faudrait pas en juger par ce qu'on en aperçoit; la partie visible ne dépasse pas 20 mètres, mais une rue entière qu'on a bâtie à ses pieds masque environ les deux tiers de sa hauteur primitive de 160 pieds et plus, selon notre *cicerone* : il nous narra comme quoi il était question d'abattre ce monstrueux placage, sorte de *secret* historique, et de rendre au roc célèbre son aspect primitif.

N° 2.

Au temps du bon roi Evandre, le Capitole était déjà d'une grande magnificence, car lorsque ce roi hospitalier conduisit Enée, son nouvel allié, sur la haute colline (*Celsa Capitolia*), il lui dit que cette montagne, toute resplendissante aujourd'hui, était anciennement couverte de forêts et présentait un aspect sauvage.

... *Capitolia... aurea nunc, olim sylvestribus horrida dumis.*

Nous avons dit que la vaste plate-forme était surmontée de deux collines, et nous venons de décrire celle de droite, où se trouve la roche historique. Celle de gauche est de même hauteur, et compte le même nombre de gradins : elle aboutit à la célèbre basilique de l'*Ara-Cœli*, contiguë à un monastère de capucins du Tiers-Ordre. Cette église, très-vaste, est ornée avec une profusion de luxe. Dans une chapelle à gauche, près de la porte d'entrée, s'étale aux regards étonnés une vue gigantesque de la crèche; sur des nues imitant au naturel les nuées du ciel, apparaissent plus d'une centaine d'anges de toutes dimensions, penchés vers la crèche dans laquelle est couché l'enfant Jésus qu'enveloppe de linges Marie sa mère; derrière la crèche sont les deux animaux traditionnels de forme naturelle. Une lumière éblouissante, imitant la clarté du soleil, inonde ce groupe; les nuées, surmontées par le Père Eternel, semblent embrasées comme à un coucher de soleil. Le tout a plus de 10 mètres de diamètre. Ce spectacle unique est offert pendant toute l'octave de Noël (*Natale*) à l'avide curiosité et à la piété du public qui s'y porte en foule pour adorer *il sacro bambino* (¹).

Un escalier de 123 marches, en marbre blanc, séparé par un mur de celui du Capitole et commençant au niveau de celui-ci, conduit à la Basilique ci-dessus ; du haut du perron on a une vue ravissante sur le *Transtevere*, le Janicule et Saint-Pierre, au N.-O (²).

Le flanc oriental du Mont-Capitolin recèle les profondeurs de la prison Mamertine (*Carcere Mamertino*) où saint Pierre et saint Paul passèrent neuf mois avant d'être conduits au martyre. Nous en dirons ici deux mots.

Pour avoir accès dans ces cachots, on entre dans une belle église à plein pied, littéralement couverte d'*ex-voto* que l'on compte par milliers. De là, le prêtre préposé à la garde de la prison vous fait accompagner par un sacristain (³) en soutane muni d'une torche, et en donne une au visiteur. On descend ensuite un escalier d'une quarantaine de marches, qui aboutit à un premier souterrain creusé dans le roc, où se trouve un autel dont on enlève les garnitures après les messes, à cause de l'humidité. Au milieu, existe une ouverture ronde, grillée, de 50 centimètres environ, par laquelle on précipitait anciennement les criminels de l'Etat, entre lesquels on nous cita les complices de Catilina. Ces malheureux étaient pour la plupart assommés en tombant dans le deuxième

---

(¹) Voir à la fin du livre la note qui concerne cette basilique.

(²) La montagne Capitoline se résume en trois parties : la plateforme ou place appelée *Intermontion*, et les deux mamelons qui la surmontent ; à droite la *Roche*, à gauche l'*Ara-Cœli*.

(³) Nous ne savons s'il est prêtre.

souterrain, soit la prison Mamertine proprement dite : ceux qui survivaient à la chute étaient étranglés plus tard, ou mouraient de faim.

Quittant ce premier souterrain, on descend à droite un escalier d'environ cinquante marches taillées le long de la paroi. Dès que l'on a franchi trois ou quatre marches, on voit sur le mur du roc un enfoncement ovale recouvert d'une légère grille, l'empreinte droite d'un visage humain parfaitement dessinée ; c'est, nous dit le cicerone, *il volto di san Pietro*. Un des féroces gardiens trouvant que l'apôtre ne descendait pas assez vite, lui appliqua un violent soufflet qui le fit tomber contre cette paroi, et son visage y resta imprimé tel qu'on le voit aujourd'hui. Nous voilà dans ce fameux cachot avec saint Pierre et saint Paul, leurs quarante-sept compagnons de captivité et leurs deux gardiens, Processus et Martinien ([1]). Lorsqu'ils eurent instruits de la bonne nouvelle ces pauvres païens, ils manquaient d'eau pour les baptiser, et leur anxiété étaient grande. Mais voilà qu'un matin ils trouvent au milieu du cachot une source abondante et limpide, et ils purent achever leur œuvre. Cette fontaine (*il fonte miracoloso*) est ronde, mesurant environ 0^m 30 cent. de diamètre ; l'eau sort abondamment par un jet d'un demi-pied, et retombe dans un canal qui la conduit nous ne savons où. Comme tous les visiteurs, nous avons bu copieusement de cette eau, d'une extrême fraîcheur : plusieurs en emportent dans des fioles.

Ce cachot, sanctifié par la présence des deux princes des Apôtres, est une des étapes les plus marquantes du

---

[1] En tout cinquante-un.

christianisme naissant, dans sa marche triomphale. Les consuls et les empereurs venaient célébrer la conquête et la soumission du monde, avec un orgueil satisfait, sous les voûtes du temple de *Jupiter Capitolin*. Les deux Apôtres de la doctrine du divin Crucifié ont célébré, dans un cachot de plus de soixante-dix pieds au-dessous de ces lambris somptueux, une conquête d'un nouveau genre, celle du monde par la croix : char de triomphe qui au lieu d'écraser les vaincus sous ses roues, les relevait et les embrassait, et leur donnait des couronnes.

Contre le mur occidental est un autel que l'on dégarnit totalement après les messes qui s'y succèdent toute la matinée. Ce cachot est recouvert en blocs énormes de rocher; l'eau dégoutte partout de ces sombres voûtes, noires comme une cheminée; aucune lumière n'y pénètre. A l'angle oriental, on voit un bloc de rocher en saillie, de 2 mètres de long sur 0^m 50 de large. On nous dit qu'il servait de siège et de table aux Apôtres. Sur le mur, derrière l'autel, existent encore les boucles soit anneaux qui retenaient les chaînes des deux saints missionnaires; près de l'angle à droite de l'autel, nous contemplons avec effroi des enfoncements adaptés au volume de la tête; des trous communiquent avec un souterrain opposé; ces trous recevaient un chaînon passé au cou des captifs qui avaient survécu à la chute, comme nous avons dit; une main invisible placée dans l'autre cachot tirait ces chaînons, et tout était dit.

TABLEAU VI

LE FORUM ROMANUM — LE COLISÉE, ETC.

Nous avons amplement décrit la haute colline du Capitole avec sa vaste plate-forme aboutissant au palais du sénateur (maire) de Rome, et ses deux collines latérales dominant cette plate-forme à droite et à gauche, à une hauteur de 25 mètres environ.

Le palais du sénateur de Rome a pour fondements, au midi, les murs du Capitole antique, lesquels ont toute la hauteur de l'*Intermontium* ci-dessus; ces murs bâtis en blocs énormes de rochers noircis par le badigeon des âges, sont percés d'ouvertures carrées sans symétries, éclairant des caves ou souterrains destinés à retirer les archives et le trésor public. Du haut de ces hautes murailles, ressemblant au flanc d'une montagne

« Capitolii immobile sorum... »

furent précipités les audacieux Gaulois trahis par le cri des *oche* (les oies).

Le palais du sénateur est surmonté d'une tour carrée de plus de 90 mètres de haut, laquelle supporte un énorme bourdon de deux cents quintaux : on le sonne dans les solennités extraordinaires. Cette tour a trois rangs de fenêtres.

C'est au pied de ce mur, table sommaire de l'histoire romaine, que commence le prestigieux *Forum*; la place des places publiques du monde entier, la même où ont poussé les *plumes folles* de notre jeune imagination scolaire, devenues plus tard assez développées et assez fortes pour me transporter sur la réalité du théâtre de nos rêves à tous! Oui, c'est bien là le champ-clos où le peuple-géant débattait ses destinées et celles du monde, sous les flots d'une éloquence passionnée tombant comme des torrents de lave, au milieu de la foule impatiente, des hauteurs du *Rostrum*.

A 20 mètres environ de cette façade noircie par le pinceau des siècles, s'élève le fameux arc-de-triomphe de Septime-Sévère avec ses trois portiques soit ouvertures. Les intervalles entre ces trois portes et les extrémités, sont couverts de bas-reliefs représentant des batailles, des triomphes, et des rois enchainés au char triomphal; les entablements et les frises sont couverts d'inscriptions dont quelques-unes sont en bon état et très-lisibles. De la porte du milieu, large de plus d'un tiers que les deux autres, part un sentier en pierres noires, lissées comme des vitres par le frottement des pas d'un peuple immense; sa largeur est de 1 mètre 50. Ce sentier (¹), mieux pavé que le reste, aboutit, par une légère courbe, au pied même des fondements de *l'Arx Capitolina*. Nous n'avons pas vu de porte qui lui correspondit. Ce célèbre monument de l'*Arco di Settimio*, entièrement en marbre blanc, jauni, écaillé, écorné par la

---

(¹) C'est ce bout de chemin qui se nomme la *Via sacra*.

main du temps, était enterré à un tiers environ; il a été restitué à sa hauteur par des fouilles pratiquées pendant l'occupation française sous le premier Empire. Sa hauteur est d'environ 80 pieds.

Tout près s'élèvent trois colonnes du temple de *Jupiter Tonnant*, portant un reste mutilé de chapiteau; trois autres de *Giove-Statore*, et, à gauche, plus loin, huit colonnes du temple *della Concordia*. Quelques-unes sont isolées, d'autres sont reliées par des fragments de corniches. Derrière l'arc de Sévère, est une grande place couverte de bancs de comestibles, même de cuisines ambulantes. De ce point commence le mouvement animé du Forum, offrant un parallélogramme régulier dans l'ensemble, se rétrécissant pourtant à gauche avant d'arriver aux alentours du Colisée (*Colosseo*). Dans cette direction, la voie publique le longe à gauche; au milieu est une délicieuse esplanade plantée de tilleuls; c'est la promenade publique, au bout de laquelle, toujours en avançant vers le Colisée, la voie publique fait un angle vers le couchant et passe sous l'arc de Titus, lequel n'a qu'une ouverture. Il est couvert d'inscriptions et de bas-reliefs représentant la prise et la ruine de Jérusalem par Titus, fils de Vespasien ([1]). Dégradé et ébréché en plusieurs endroits, il a été restauré par plusieurs papes. Son architecture est d'une délicatesse qui frappe les regards. Il occupe le sommet du Forum, qui forme une légère colline; ses fondements sont à plus de 20 mètres plus haut que ceux du Capitole et à 10 au-dessus de ceux du

---

([1]) Divi Vespasiani filio.

Colisée. Sans tenir compte des atterrissements, la place du Forum n'était point plane et offrait au milieu une convexité de 18 mètres; la pente était plus marquée du côté du nord, soit du Capitole. Le Forum, dans sa direction N.-O. au S.-E., c'est-à-dire du Capitole au Colisée, longe à sa droite tout le mont Palatin, et à gauche les faubourgs de la ville actuelle allant expirer sur les collines antiques.

Retournons vers l'arc de Septime. Au pied du Palatin, on trouve à droite, et déblayées à 8 mètres, les trois colonnes *del Rostro*, tribune aux harangues, d'où Cicéron électrisait les tribuns et le peuple par des discours passionnés où la conscience avait souvent trop peu de place. A gauche, la colonne de Phocas, de 100 pieds d'élévation, en marbre blanc, jaunie et noircie en quelques points; le temple du *divin* Antonin et de la *divine* Faustine sa femme, façade bien conservée; trois colonnes du temple de Nerva, cerclées et reliées par des barres de fer, 30 mètres de hauteur; temple *della Pace* (de la Paix); on y remarque avec stupéfaction deux ou trois voûtes encore intactes, en briques de très-petite dimension, ornées de rosaces en relief d'une extrême finesse; quelques chapiteaux aux proportions démesurées sont encore attachés aux murs ou appuyés sur des bases chancelantes. Le sol est couvert de corniches, de moulures, de pilastres; le tout d'une grosseur à vous faire reculer, et le tout en marbre blanc : il y aurait là pour décorer trois cathédrales. Ces voûtes offrent l'effrayante hauteur de plus de 40 mètres au moins. Plus haut, d'abord un temple dont s'est emparé le culte chrétien; sa façade est encore intacte avec ses jolies colonnes et son fronton. Ensuite le temple de Vénus et de Rome; il n'offre plus d'entier que la voûte à losanges en relief; 60 pieds et plus de hauteur. Derrière, le long d'une ruelle, le gazon d'une large place est couvert de tronçons, d'énormes colonnes en marbre vert, rondes et brillantes comme le verre : leur diamètre est de plus de 2 mètres; quelques-uns de ces fragments ont plus de 5 mètres de long.

De ce point commence une descente assez rapide vers le Colisée, par une multitude de sentiers en précipice, à travers des ruines en briques que le temps a unifiées et durcies comme de la roche. On se trouve alors en face du *Colosseo*, véritable montagne archéologique. Ce monument unique a été également déterré, tant à l'extérieur qu'à l'intérieur, à une profondeur d'environ 10 mètres. L'intérieur est une élipse soit un ovale de plus de 150 mètres de long : au milieu est une grande croix noire en bois, et tout à l'entour s'élèvent quatorze chapelles représentant le chemin de la croix, et dans lesquelles on dit la messe. La partie septentrionale du Colisée est encore intacte avec ses quatre rangs de portiques; sa hauteur mesure 172 pieds. Les parties démolies, les plus basses, ont encore 80 pieds, à l'ouest. L'épaisseur des murs, y compris les trois portiques, dépasse 22 mètres. Une véritable forêt s'élève sur les gradins ruinés; elle recèle un monde d'oiseaux dont les mélodies perpétuelles ont remplacé les rugissements des lions et des tigres dévorant les premiers disciples de la Croix, là, aux battements de mains d'une foule barbare.

A 300 mètres du Colisée, à l'occident, s'élève le magnifique arc-de-triomphe de Constantin, à trois portiques;

il est couvert de bas-reliefs représentant entre autres la victoire de cet empereur sur Maxence au *ponte Mollo* (¹). Sous la voûte du milieu passe la route d'Ostie.

(¹) Voir le Tableau xiii.

TABLEAU VII

LE MONT ESQUILIN. — SAINTE-MARIE-MAJEURE. — SAINTE-MARIE DES ANGES. — LA *Stazione*.

La Providence, en précipitant de si haut le peuple-roi qui avait si étrangement abusé de sa force et de sa prospérité en asservissant les nations, tout en pervertissant leur vie morale, a eu pitié de la grande ombre romaine pleurant sa chute sur ses sept collines ; car sur chaque colline il existe une église, ou au moins un oratoire destiné à purifier cette héroïque poussière.

La basilique de Sainte-Marie-Majeure, (¹) couronne le mont Esquilin (*Esquilino*). Sa construction, en principe, remonte au milieu du ıvᵉ siècle : c'est à un miracle, selon la tradition. Un noble Romain, (²) à la suite d'une faveur obtenue, fit vœu de construire une église à l'honneur de la Vierge Marie ; mais il était indécis quant à l'emplacement. Il reçut avis pendant la nuit de se rendre le lendemain à tel endroit ; que là où il verrait une couche de neige il devait construire l'église votive. C'était le 5 août. On appela d'abord ce temple Notre-Dame-des-Neiges,

---

(¹) *Sancta Maria Maggiore.*
² Patrice, de famille prétorienne.

dénomination bien naturelle. Aujourd'hui c'est Ste-Marie-Majeure, la plus grande de toutes les églises consacrées à la Reine du ciel. C'était sous le pontificat de St-Libère.

Le *monte Esquilino* est la plus reculée, au sud-est, des sept collines; elle est aussi, sinon une des plus élevées, une des moins abruptes. De toute part ses abords sont en pentes douces. Des avenues droites, très longues, quelquefois ombragées, aboutissent, comme des rayons, à la basilique Libérienne; on en compte quatre de ce genre, sans parler de plusieurs sentiers et de plusieurs ruelles formant l'extrémité des faubourgs. Deux de ces avenues s'y dirigent depuis la rue de l'immense faubourg qui, du Colisée, monte et aboutit à Saint-Jean-de-Latran.

En partant du pied du Capitole (extrémité sud de la ville actuelle), on commence à gravir une montée rapide sur la dernière déclivité de cette haute colline. A un demi-kilomètre, on passe sous une tour ronde, de forme élancée, et haute de plus de 100 mètres. C'est du haut de ce monument, nous fut-il dit, que Néron contemplait le vaste incendie qui dévorait la capitale de son empire, incendie allumé par les ordres de ce monstre. Après quelques minutes, on commence à descendre en pente douce; une ligne en arc renversé s'ouvre devant vous à perte de vue. Vous avez hâte de franchir ce développement creux, dans l'espoir de trouver la basilique de Notre-Dame au sommet de la première montée. Mais c'est un vrai mirage : vous n'aviez pas prévu le *monte Viminale* ([1]).

([1]) Ce mont, une des sept collines primitives, est le moins

Lorsqu'on est arrivé, par cette voie, sur le vaste plateau de l'Esquilin, on se trouve en face d'un obélisque des plus remarquables; il peut mesurer 25 mètres. Il est au milieu d'une vaste arène carrée, à l'ouest de la basilique. Faites le tour d'icelle, et vous trouverez à l'opposite, du côté de la façade principale, une place presque double en étendue. Au milieu de celle-ci s'élève un monument qui attire et frappe tous les regards; c'est une colonne ronde en marbre blanc, déjà bronzé par la main du temps, d'une forme tellement légère qu'elle vous paraît se balancer dans les airs. Elle est couronnée de corniches et de chapiteaux d'un travail exquis, supportant une galerie carrée sur laquelle s'élève la statue dorée de la Sainte Vierge, les mains étendues sur la ville. Le tout dépasse 40 mètres. La grande façade est surmontée d'une tour carrée à trois étages de fenêtres, style gothique, chose si rare dans cette cité de dômes; le couvert est en terrasse, d'une hauteur de 30 mètres

élevé de tous, comme aussi le moins pénible à gravir. Sa surface arrondie est coupée en deux parties à peu près égales par cette ligne droite que nous suivons; il faut plus d'un kilomètre pour en franchir le périmètre. De son sommet à celui de l'Esquilin se développe un arc renversé, d'une étendue à vous décourager; mais la basilique Libérienne, dont vous apercevez les deux dômes et la tour, ranime votre courage et renforce vos jarrets tant soit peu récalcitrants. Vous arrivez enfin sur l'*Esquilino* les yeux pleins de poussière, le gosier desséché, la poitrine haletante, résultat d'un trajet de 5 mortels kilomètres, depuis les gradins du Capitole, sous un soleil de feu, sur une route sans autre ombre que celle fort raccourcie des maisons qui font de cette ligne décevante un faubourg plus ou moins clair-semé. Il semble que Rome actuelle porte au cœur un sentiment indélébile de regret et de commisération pour sa sœur aînée, tant elle tient à s'en rapprocher sans cesse.

environ; la tour a plus de 100 mètres. A chaque côté de cette tour apparaît une coupole de vaste dimension, et un peu inférieure en hauteur.

Quant à l'intérieur, d'une richesse inouïe, nous n'aborderons pas les détails. Nous avons compté là quarante colonnes de porphyre, vingt de chaque côté, séparant la grande nef des petites. Ces colonnes, vert tendre, ornaient jadis, dit-on, le temple de *Juno Lucina* : quel changement! Mais ce qui pique surtout la curiosité, c'est un monument doux au cœur sensible : dans une chapelle souterraine devant le maître-autel, les étrangers vont admirer et vénérer *il Sacro Presepio* (la sainte crèche dans laquelle naquit le Sauveur)[1]. A cette époque l'Esquilin était couvert de palais; le peuple-roi était dans la force et la sève de la vie; ses empereurs défiaient les dieux, et ses bras vigoureux, à lui, peuple héros, déracinaient tous les trônes. Et voilà que cette crèche de bois, instrument de faiblesse, est venue, à son tour, renverser ce qu'il y avait de plus fort au monde.

Au fond de l'église, donnant sur la première place décrite, existe un tableau sur toile d'une dimension colossale, représentant l'Assomption. Sa hauteur n'a pas moins de 10 mètres. Les chapelles qui bordent les nefs latérales sont remplies de monuments, de mausolées, de statues, de mosaïques, vrai luxe d'or, de marbres, porphyres, jaspes, etc. Dans la chapelle du Saint-Sacrement,

---

[1] Les quatre colonnes du baldaquin qui couvre le maître-autel sont de porphyre rouge, dont les torses sont remplies de rameaux de lauriers : le tout est doré. Devant chaque branche de la croisée sont deux colonnes de porphyre gris. Tout cela est entremêlé de cinquante lustres.

nous fûmes longtemps à contempler le cénotaphe du pape Sixte-Quint, l'homme au génie puissant, aux volontés de fer, le même qui vint à bout de dresser, à l'aide de dix mille bras, de six cents chevaux et de 125,000 francs, le fameux obélisque de Sésostris, sur l'immense place circulaire de Saint-Pierre de Rome. On n'approche de ce tombeau qu'avec un souverain respect mêlé d'une certaine crainte.

Nous avons dit que Sainte-Marie-Majeure était comme le centre d'un cercle, et nous avons indiqué quelques-uns de ses rayons dans la direction nord-ouest et du sud-est. C'est d'abord la ligne qui descend vers *Santa Croce di Gerusalemme*. Je n'eus pas le temps et encore moins le courage de parcourir cette ligne droite de 3 kilomètres. Au sud-est, une route plus longue, mais brisée, conduit à la *Stazione* (gare). Nous ne savons si aucun autre débarcadère peut lui être comparé, tant au point de vue de l'animation qu'elle présente, que sous le rapport des costumes, des idiomes, des qualités de la population qui circule sur l'interminable place qui l'avoisine : l'univers est là en miniature. Il serait difficile de savoir le nombre des élégants omnibus (*legni*) qui amènent là d'innombrables légions de pélerins et de touristes, ou qui les reprennent. Après que les convois ont lâché leurs essaims, les rues de la capitale sont inondées de ces véhicules volant comme l'orage. La direction de cet incessant mouvement révèle la pensée dominante de cette foule : une sorte d'impatience fébrile la précipite presque tout entière vers l'extrême pointe nord-ouest de la Ville-Eternelle. Le besoin d'une réfection ou d'un repos cède ici à un besoin bien plus stimulant : ce peuple nomade, venu de si loin pour se rassasier des merveilles romaines, a entrevu de loin, dans les nues, la miraculeuse coupole de Michel-Ange Buonarotti. On ne mangera ni ne boira qu'on ne l'ait vue de près, peut-être même qu'on ne l'ait escaladée : trois heures, pour le plus court, du voyage aérien.

A un demi-kilomètre de la *stazione*, s'élèvent les ruines des thermes de Dioclétien (¹). Vous contemplez avec stupeur des voûtes en briques rouges mesurant plus de 60 mètres d'élévation et encore intactes. Quant aux salles, appartements, cabinets de bains, tout cela n'en finit pas. Ces imposantes ruines sont placées là comme un gigantesque spectacle. On conçoit quelle foule erre dans ces montagnes de débris en attendant le départ des trains, ou en les quittant.

(¹) J. Termini.

TABLEAU VIII

LE PANTHÉON (LA ROTONDA).

Le Panthéon, dénommé par les Romains sous l'unique nom de la *Rotonda*, est, après le Colisée, la plus grande comme la plus magnifique des constructions antiques non-seulement de Rome, mais du monde entier. C'était le Saint-Pierre du paganisme, abritant sous son culte toutes les hiérarchies plus ou moins impures de l'Olympe. Cet édifice, unique dans son genre, jouit du privilége — et il ne faut pas le lui envier — de recevoir en seconde mains les flots de touristes, d'amateurs, d'antiquaires... que sais-je encore? qui sont venus des quatre coins de la terre pour jeter un coup d'œil, souvent rapide, sur Saint-Pierre et sa céleste coupole. Cette spécialité de fervents laisse volontiers de côté le dieu-banque : un fragment d'inscription, une statue, un coup de pinceau, tel est le trésor qu'ils viennent chercher si loin. C'est un germe qu'ils réchauffent avec soin, qui se développera et produira peut-être une immortelle célébrité en son genre.

La *Rotonda*, bâtie par Agrippa, se trouve presque au centre de la ville actuelle, à 1 kilomètre environ de la rive gauche du Tibre, dans une plaine quasi affaissée.

Aussi les vieux Romains disaient-ils que le terrain avait fléchi sous la masse du premier de leurs temples. Nous n'en finirions jamais en entreprenant une description : contentons-nous d'un croquis au charbon.

Une vaste place, déblayée par Eugène IV des débris accumulés par les invasions barbares, est ornée d'un élégant obélisque en granit rouge poli, couvert d'hiéroglyphes et surmontant une large fontaine. Il fut élevé par Grégoire XIII. Cette place donne entrée, du côté nord-ouest, à un portique qui mesure plus de 40 mètres de long sur 25 mètres de large. Sur sa longueur s'étalent huit colonnes (quatre de chaque côté de la place), en granit vert, poli comme glace. A chaque extrémité s'élèvent deux autres colonnes, quatre pour les deux bouts du portique, en marbre rouge; au milieu, quatre colonnes (deux de chaque côté) de même matière soutiennent le plafond. Toutes ces colonnes, au nombre de seize, sont de même dimension (1 mètre 50) environ de diamètre). L'élévation du portique atteint 33 mètres.

Pénétrons dans l'édifice. Le portail, de 12 mètres environ de haut, est soutenu de chaque côté par une colonne carrée, soit pilastre, en marbre blanc cannelé. La porte, en bronze, mesure environ 20 mètres, y compris l'encadrement, dont les lignes et les sculptures sont hors de description.

Dès qu'on a franchi la grande porte, on voit à droite une inscription à trois colonnes, sur marbre blanc, qui occupe les deux tiers de la hauteur. Vous êtes dans l'enceinte, et vous ne savez où tourner vos regards sur cette aire parfaitement ronde. Deux parties bien nettes dessinent l'édifice : le tambour et la coupole, de même hauteur. Le premier, se présente sur treize faces (nous parlons de son état actuel, tel que l'a fait l'art chrétien). Chaque face ou compartiment est séparé par deux colonnes rondes en marbre blanc cannelé, de 4 pieds de diamètre et de 16 mètres au moins d'élévation. Sur la face de chaque compartiment ou pavillon, existe un autel richement paré, entouré de deux colonnes de 4 mètres 50 de haut. Derrière cet autel est pratiqué un enfoncement en demi-cercle dont le fond est occupé par un deuxième autel. Quant au compartiment du fond (formant le milieu du tambour), il est double et sans autel à la surface. Entre les deux parties est un espace qui donne sur un rond-point bien plus vaste que ceux ci-dessus, et deux fois plus élevé. C'est sous cette voûte, coupe d'un dôme élégant, que se trouve le maître-autel.

Total des autels : douze de chaque côté, vingt-quatre pour les deux côtés, plus le maître-autel. — Vingt-cinq autels en tout.

La coupole présente, depuis les corniches, cinq rangées horizontales de caissons creux à plusieurs gradins, lesquels se rétrécissent en approchant du sommet. La partie culminante de la voûte offre une ouverture ronde de 10 mètres environ de diamètre, sans vitrage, de sorte que la pluie tombe librement sur le parvis. Aussi, au moment où je prenais le diamètre de la fameuse *Rotonda*, une pluie serrée m'avait presque trempé, vu que, me servant de mon pied, j'étais contraint de faire des pas n'ayant que la longueur de mon soulier. Autour de cette ouverture règne une zone unie et sans caissons. Sur la corniche du tambour sont pratiquées sept niches de chaque côté, à fronton triangulaire; quatre seulement renferment des statues. Le pavé (probablement le pavé antique), formé d'énormes dalles en marbre blanc et rouge, est tout fracturé.

Quant à la colonnade du portique sus-décrite, les piliers ont subi la puissante étreinte de la main des siècles; ils sont tous plus ou moins éraillés; les soubassements, en marbre blanc, sont entièrement ruinés. Sous le portique, nous observons à droite, érigé contre le mur, un autel en forme d'oratoire, surmonté d'une châsse renfermant le corps inanimé du Sauveur. Nombre de personnes viennent se prosterner là. Nous ne savons ni la destination ni l'origine de cette dévotion.

Le diamètre de la *Rotonda*, pris au moyen de mes souliers appliqués avec soin l'un à l'autre, et dont chacun faisait le pied au moins, m'a donné cent quarante-une fois leur longueur. Ce résultat concorde parfaitement avec le diamètre de la coupole de Saint-Pierre de Rome, qui est de 142 pieds (¹).

Les murs de cette géante construction, présentant une épaisseur de 5 mètres et plus, sont, du côté du nord-ouest, où la rue les rase, littéralement défigurés. Vous prendriez ces masses de briques pour un flanc de montagne qu'aurait touché la mine : on y voit de véritables grottes.

On dit qu'un jour, Michel-Ange Buonarotti, l'effrayant génie qui menait de front et d'une main suprême la sculpture, l'architecture et la peinture, passait devant la

---

(¹) J'ai fait observer que le dôme de Saint-Pierre n'est que la copie de celui de la *Rotonda* qui ne surpasse le premier que d'une palme romaine (10 pouces), ce qui compte en rien.

structure gigantesque du Panthéon avec un ami. Celui-ci manifestant son étonnement que la terre pût porter cette masse, l'artiste lui aurait répondu : « Que diriez-vous si on suspendait cet édifice dans les airs ? » L'autre ne daigna pas répondre. « Eh bien, fit l'architecte, cela arrivera un jour. »

Et voilà que, quelque vingt ans après, l'immortel Buonarotti lançait, comme en jouant, le temple d'Agrippa à plus de 500 pieds dans l'espace.

TABLEAU IX

LE FORUM TRAJANUM — LA PIAZZA DEGLI APOSTOLI
L'AMBASSADE FRANÇAISE.

La Ville-Eternelle se compose de deux parties bien distinctes : la capitale du monde catholique, et la cité reine du monde païen, terrassée depuis bien des siècles par la puissance irrésistible de la croix, qui, du haut de la coupole de Saint-Pierre, domine à plus de 400 pieds encore les sept collines décapitées.

La Rome actuelle se divise à son tour en deux villes presque distinctes; séparées par le Tibre, elles le sont encore par une différence marquée au physique comme au moral, ainsi que nous l'avons observé plus haut à l'article du *Transtevere* ([1]).

Venons au fait. Chacune de ces deux villes a sa grande artère sous la forteresse qui a commandé à l'univers ancien : le Capitole. La ville de gauche se déverse par un nombre infini de rues croisées en tout sens, sur la vaste place de l'*Ara-Cœli*, sous le grand escalier du *Campidoglio*.

[1] Le type primitif des anciens Romains.

Les rues du Transtevere aboutissent en rayon au pont *dei Quattro Capi* (aux quatre têtes). On le nomme ainsi parce qu'il est coupé en deux par une île formant une rue de 20 mètres au moins. Au milieu de ce quartier isolé, à droite en venant sur la rive gauche, s'élève sur une grande place, la basilique dédiée à saint Barthélemy, apôtre. On lit sur la façade, en lettres gigantesques : « *In hâc Basilicâ requiescit corpus S. Bartholomæi apostoli.* » On franchit le deuxième pont, et fléchissant à droite, on se trouve sur la *piazza Montanara*; une rue montante et sinueuse va rejoindre la grande place de l'*Ara-Cœli* ci-dessus, où elle vient donner la main à sa sœur, établie sur la gauche du fleuve.

De ce point, et là finit Rome nouvelle, on enfile à gauche, vers l'est, une rue sinueuse qualifiée du nom de *Via del Macello dei Corvi*. Quel joli nom! la rue de la boucherie des... corbeaux? Cette longue rue débouche sur l'antique *Forum Trajanum*, place qui mesure plus de 130 mètres de long, sur 60 de large environ. Elle renferme deux portiques formés de deux rangs de colonnes au nombre de dix chacun; quarante pour les deux portiques. Ces colonnes, en granit bleu, de 1 mètre 50 de diamètre, sont toutes tronquées plus ou moins haut: les tronçons les plus élevés peuvent avoir 6 mètres. Ces tronçons rasaient à peine le sol lors du déblaiement sous l'empire français; car le *Forum* tout entier forme une excavation de plus de 6 mètres. Outre ces quarante tronçons debout, la place restituée à son ancien niveau est jonchée de gigantesques blocs de colonnes couchées et aussi brisées : tous ont le poli d'une glace; quelques-uns ont plus de 6 mètres de long. Au nord, cette aire se termine en demi-cercle; c'est au milieu de cet hémicycle que s'élève la fameuse colonne Trajane (*la Trajana*).

Aucun monument de ce genre ne lui est comparable dans le monde entier. Un cordon en spirale, qui l'étreint de la base au chapiteau, offre aux regards éblouis une étonnante variété de figures en relief, de différentes tailles : un amateur archéologue prétend avoir compté deux mille cinq cents figures d'homme, sans compter les chevaux et autres animaux. Le feu du patriotisme semble encore pousser ces masses à une victoire certaine.

La célèbre colonne est en marbre blanc, mais elle a pris le costume invariable des siècles : jaune-mat. Le piédestal seul, de 12 mètres de haut, est ébréché assez gravement à ses angles, dont un est presque arrondi. La partie qui a été ensevelie pendant tant de siècles n'offre plus rien de sa blancheur; c'est tout au moins brun très-foncé. Ce soubassement, dont les côtés mesurent plus de 4 mètres, est aussi couvert d'inscriptions presques illisibles, de trophées, de chars, de couronnes de chêne, etc. Au sommet, la statue du vainqueur des Daces a été remplacée par celle d'un autre triomphateur, aux proportions morales centuples : l'humble batelier de Galilée, aujourd'hui grand amiral du vaisseau qui fend si laborieusement les vagues amoncelées par le souffle des cavernes infernales.

La *Trajana*, couronnée de la statue de saint Pierre, a près de 45 mètres d'élévation. Cette vaste place souterraine, entourée d'une balustrade en fonte, est bordée d'une quadruple rue d'une étendue considérable; plateforme au-dessus d'un lac lorsque la place est inondée avec ses quarante-une colonnes : spectacle des plus saisissants dans ces cas, qui ne sont pas rares.

Portons ailleurs nos pas distraits par ces merveilles incessantes. En face, à l'extrémité N. de la place décrite, nous passons entre deux belles églises couronnées de leur coupole : ce sont celles du Saint-Nom-de-Marie et de Notre-Dame-de-Lorette. Après un trajet d'un kilomètre vous pénétrez sur la *piazza degli Apostoli*, parallélogramme d'un demi-kilomètre et plus, dans la direction du S.-E. A droite et au milieu s'élève le vaste palais de l'ambassade française, mais les bureaux sont loin de là. Du palais on vous fait retourner en arrière pour prendre une rue très-longue et en reprendre une encore plus longue qui vous ramène presque au point de départ, mais derrière ; tour qui exige vingt-cinq minutes et qu'on pourrait abréger au moyen d'un corridor allant du palais au numéro 58 où sont les bureaux. Pourquoi parcourir inutilement deux rues? nous demandâmes-nous très-souvent avec une amertume motivée par ces orages de Rome qui vous traitent avec la politesse d'une cataracte.

Tout près de l'ambassade française et à la même main, s'élève la basilique *degli Apostoli*, dédiée aux deux princes des apôtres. Sans être une des plus vastes, c'est une des plus riches et des plus hautes de la grande cité; elle a trois nefs. Celle du milieu est remarquable par ses fresques, dont une, à la voûte du chœur, représente le *Jugement dernier*, moindre en dimension que celui de la Sixtine, mais plus frais et, à notre sens, plus émouvant.

A propos du palais occupé par l'ambassadeur français, je dois un souvenir intime tant au premier secrétaire (¹), pour l'intérêt plein d'affabilité qu'il m'a porté dans mes nombreux rapports avec lui, qu'à tout le personnel des divers offices, pour les soins empressés dont ils m'ont constamment entouré.

La place *degli Apostoli* fait presque face à la célèbre rue *del Corso*, dont elle n'est séparée que par une rue nommée *Via della ripresa dei Barberi*.

(¹ M. Armand, si j'ai bonne mémoire.

TABLEAU X

LA PORTE ET LA PLACE DEL POPOLO.
LA STATUE MONUMENTALE DE L'IMMACULÉE CONCEPTION.
LE QUARTIER DEI MONTI.
(Voir pour plus amples détails, les Tableaux XIII° et XIV°).

―――⸺○▸◆◂○⸺―――

La *Porta del Popolo*, située à l'extrémité nord de la Ville-Eternelle, est l'ouvrage du célèbre Michel-Ange: elle est attenante à la magnifique église de *Santa Maria del Popolo*. Dès qu'on a franchi cette porte qui ressemble à un immense arc-de-triomphe, on se trouve en face de la majestueuse place *del Popolo*, la plus grande de Rome, après celle de Saint-Pierre. Au milieu de cette aire quadrangulaire, s'élève un obélisque égyptien de couleur jaunâtre, couvert de figures symboliques; il domine une vaste fontaine en marbre blanc, dont les quatre angles sont ornés de figures de lions aux formes colossales; son élévation dépasse 30 mètres.

A l'extrémité de la place s'ouvrent, vers le midi, les trois grandes artères qui découpent les deux tiers de la cité sur la rive gauche, en quatre immenses quartiers [1].

---

[1] Deux grandes églises, à l'entrée et aux deux angles de la

Ces trois débouchés, partant en ligne droite du centre de la place ci-dessus, comme trois rayons, sont : au milieu, la célèbre rue du *Corso*, dont le parcours dépasse trois kilomètres ; à droite, la *strada* (rue) *Ripetta* ; à gauche, la *via del Balbuino* (ou de singe, mot peu poétique), autrement rue *di Spagna*. L'interminable *Corso* traverse presque toute la cité actuelle et va finir sur la place de Venise (*di Venezia*). — La rue de droite, *Ripetta*, se termine après un parcours de 1,500 mètres, sur la place de *San-Luigi-dei-Francesi*, au centre de la ville actuelle. Cette rue longe la rive gauche du Tibre, en effleurant le vaste port, couvert de barques ressemblant à des navires marchands ; c'est le grand débouché des produits en tout genre des campagnes et des montagnes romaines.

Nous réservant de dire plus tard deux mots sur le *Corso*, jetons un coup d'œil rapide sur la place *di Spagna* où aboutit la rue de ce nom, à gauche, comme nous l'avons dit ; sa longueur est à peu près la même que celle de *Ripetta*.

La place d'Espagne est le quartier aristocratique de Rome par excellence, et par conséquent le plus animé, le plus opulent et le mieux bâti : ce n'est partout qu'hôtels princiers, magasins éblouissants, collections antiques d'une incomparable valeur. Les équipages armoriés s'y croisent à tout instant. Au-dessus d'une fontaine magnifique en forme de barque, et nommée

---

Strada del Corso, déterminent le point de départ de ces trois rues principales.

Celle de droite est Santa-Maria *dei Miracoli* (des miracles) ; celle de gauche est dénommée Santa-Maria de *Monte Sancto*. Elles sont d'architecture semblable.

pour cela *la Baraccia*, s'élève un double escalier tournant, formé de quatre rampes, en marbre blanc, d'une largeur de 4 mètres, qui aboutit sur un vaste perron, à la belle et vaste église *della Trinità del Monte*, contigüe à un monastère du Sacré-Cœur, desservi par des religieuses françaises : ce perron offre une des vues les plus frappantes de la Ville-Sainte.

A l'extrémité méridionale de la place *di Spagna*, s'élève, avec une saisissante majesté, la colonne monumentale en porphyre vert, de l'Immaculée-Conception, érigée en 1854, en mémoire de la définition qui changea en article de foi la croyance de tous les âges chrétiens à cette prérogative unique de la Vierge Marie. Le piédestal, en bronze, orné aux angles des statues des quatre évangélistes, décoré de trophées emblématiques, d'inscriptions et d'invocations à la Reine du ciel, n'a pas moins de 10 mètres d'élévation. Le fût de la colonne d'un diamètre moyen de 1 mètre 30 environ, est surmonté d'un chapiteau dont les volutes supportent une vaste plate-forme en albâtre; au milieu de celle-ci apparaît la statue en bronze doré de la Vierge Immaculée, les mains étendues sur la Ville-Eternelle dans la direction de Saint-Pierre, dont la coupole resplendissante dans les airs, semble porter devant le trône de Dieu les acclamations de joie de tout l'univers catholique.

A partir de la place *di Spagna*, le terrain s'élève en pentes assez rudes; là commence le vaste quartier qui termine la ville au S.-E., et dont fait partie la colline du Quirinal (*Monte Cavallo*), une des plus hautes des montagnes primitives. Cette portion importante de la ville s'appelle *dei Monti* (des Monts). Là se trouve la *piazza*

Barberini soit *del Tritone* (¹), ainsi dite d'une fontaine dominée par la statue d'un de ces monstres très-communs sur les grands bassins de Rome. On s'élève encore jusqu'au Quirinal, le seul des sept monts antiques qui soit renfermé dans la ville actuelle. Nous ne dirons rien ici du célèbre palais situé au point culminant; la besogne serait trop ardue; on saura seulement ici que son nom de *Monte Cavallo* lui vient d'une énorme statue équestre en marbre blanc, et sans cavalier, élevée au milieu de la vaste place qui environne le palais. Dès qu'on a descendu le revers méridional du *Cavallo,* on se trouve dans les vallons profonds qui le séparent au S.-E. du Viminal et de l'Esquilin dont nous avons parlé. Ces bas fonds sont des faubourgs très-populeux qui s'obstinent à grimper de toute part vers leur antique patrie, et qui ici envahissent ces deux collines primitives.

(¹) Sur cette place prend naissance, pour se diriger en pente assez forte vers le centre de la ville, la *Via degli Avenionesi*. C'est au sommet de cette rue, n° 5, qu'habitait M. l'abbé Bérard, alors aumônier des carabiniers pontificaux et inspecteur des garnisons provinciales, aujourd'hui curé de Thonon. Je n'ai pas oublié le bienveillant accueil que me fit cet excellent compatriote.

TABLEAU XI

LE PALATIN — L'AVENTIN.

Nous avons dit plus haut, que le mont Palatin longe, à droite, depuis le Capitole vers le Colisée, le *Forum romanum* ; il est donc au S.-O. de cette célèbre place. Vers le milieu de celle-ci s'élève un élégant portique sous lequel est la loge du concierge. Un escalier très-large en marbre (comme tous ceux de Rome), conduit à une plate-forme élevée qui donne naissance à deux autres montées qui aboutissent circulairement à une autre terrasse d'où commencent à rayonner sur le plateau de la célèbre colline une multitude d'allées larges comme des routes. Au sommet de l'escalier de droite, on va admirer à travers des sentiers improvisés et obstrués de débris, un musée provisoire en cloisons et en simples planches formant séparation, destiné à recevoir les richesses archéologiques que les fouilles activement poussées sur la montagne, mettent au jour à chaque instant, ou plutôt à chaque coup de pioche. Et il n'y a rien là d'étonnant ; la puissante main des siècles a entassé d'innombrables trésors sur ce vaste plateau, en y enterrant une ville entière, et une ville d'élite, se résumant en un gigantesque palais pour la construction et la somptuosité duquel avaient été mises en réquisition les richesses et les talents du monde entier. Les commencements de Rome sont burinés sur les débris du Palatin, et les brumes encore denses des âges fabuleux jettent encore ici leurs ondées sur la préface de l'histoire romaine. Là Romulus et Rémus, abandonnés en venant de naître, auraient retrouvé une mère sous la figure d'une louve; chacun connaît cette légende : là Romulus ayant fiché le manche vert de sa lance, celle-ci prit racine et devint, en grandissant, le symbole de la puissance romaine. Ici le bon roi Evandre, chassé de son royaume d'Arcadie, vint demander l'hospitalité à Faunus, roi du Latium, hospitalité qu'il accorda plus tard lui-même à Enée chassé de Troie. Ici encore naquit l'empereur Auguste, qui y bâtit un palais d'une étendue immense et dont on voit encore les ruines aux proportions désordonnées ; quelques pans de murs, surtout les angles, ont plus de 20 mètres de haut. Mais laissons l'histoire des empereurs et autres personnages illustres qui avaient aussi dans ce lieu des palais somptueux, autrement nous n'en finirions pas. Toutes ces ruines sont désignées sous le nom de *Palazzo dei Cesari.*

Nous avons mentionné les fouilles du Palatin. C'est depuis que l'empereur Napoléon III a acheté presque tout le Palatin (ainsi nous fût-il affirmé), que ces fouilles ont repris avec une activité croissante. On conçoit quel amas de décombres la chute de la ville primitive a dû accumuler sur ce plateau de plus d'un kilomètre carré ; aussi il advient que, vous acheminant dans une allée, vous êtes arrêté par un précipice souvent de 7 à 8 mètres, et alors il faut prendre un sentier dans les bosquets pour en reprendre une autre. Dans beaucoup d'endroits on a retrouvé l'antique pavé, mais vous le voyez au fond d'un précipice, quelquefois à 6 mètres de profondeur. C'est ainsi qu'apparaissaient les fameux bains de Néron, dont quelques parties très-bien conservées, tels que réservoirs, corniches, conduits d'eau non couverts, pavés en mosaïque; *triclinium, velabrum,* cabinets de toilette, etc. Tout à côté nous descendîmes dans une espèce de grotte, et à plus de 12 mètres de profondeur, nous trouvâmes des salles très-vastes et voûtées, qu'on nous dit être des bains réservés aux femmes; il nous sembla même qu'une de ces pièces était un temple. Bien que plusieurs gardiens, espèce d'agents en uniforme, se promènent en tout sens pour empêcher les soustractions, nous prîmes dans les bains de Néron plusieurs petites plaques, soit des pavés soit des canaux; un gardien nous avertit pourtant de ne pas détériorer ces objets précieux; ces surveillants s'en tiennent aux admonitions, qui ont plutôt le caractère de la prière que de la menace. Quant aux débris d'objets d'art qui jonchent les allées, ces braves gens ferment les yeux et vous laissent remplir vos poches de ces mutilations de statues et de vases qu'on foule d'un pied distrait, et dont chaque parcelle ornerait nos musées.

Sur sa partie nord-ouest, vers le Capitole, nous découvrîmes des constructions intactes en plusieurs points et avec des voûtes très-élevées; les salles sont toutes pavées en mosaïque. Nous nous demandions, stupéfaits, avec quelle patience on était parvenu à paver une de ces salles avec des fragments de 3 millimètres de surface en marbre noir, placés verticalement et ayant, dans ce sens, 7 à 8 centimètres? Nous en avons aussi pris des échantillons. Ces ruines sont ombragées par une véritable forêt disposée en bosquets, lesquels couvrent toute la pente du mont et descendent jusqu'à la route, qui, traversant le vallon séparant le Capitole du Palatin, va rejoindre celle d'Ostie à la porte *San-Paolo*, après avoir suivi les sinuosités du mont Aventin. Ces bosquets recouvrent des cavernes. Au sommet de l'une était cette inscription : *Cacumen speluncæ Caci* (sommité de la caverne de Cacus); la *caverna di Caco*, nous dirent quelques praticiens romains.

L'Aventin qui occupe une large page dans l'histoire de Rome, est en face et au sud-ouest du Palatin sus décrit, et presque sur la rive gauche du Tibre, qui fait là une inflexion assez marquée. Sa hauteur dépasse de quelques mètres celle du Palatin. Sa surface, arrondie au sommet, offre des accidents nombreux de configuration; elle est très-solitaire, couverte de palais, de villas, d'églises. Ses flancs sont très-abruptes au couchant, et offrent des assises verticales de rochers; ses forêts ont un cachet de sauvagerie alpestre qu'on aime à rencontrer aux portes d'une ville immense. Cette montagne est devenue célèbre par la retraite de tout un peuple mécontent : cette immense *grève* politique ne céda que devant l'éloquence plaisante de Ménénius-Agrippa, dans son admirable fiction des membres du corps révoltés contre le Ventre. — Entre la montagne et le Tibre se trouve une tour monumentale dite *Bocca della Verità*, expression tirée d'un ancien oracle païen installé en ce lieu ([1]).

([1]) C'est dans le vallon spacieux qui sépare le Palatin et l'A

Tout près de l'Aventin, non loin de la route d'Ostie, se montre le *Monte-Testaccio*, colline artificielle et toute verte, formée des débris de Rome antique et surtout de vases brisés, d'où le nom de Testaccio. Sa hauteur dépasse 36 mètres; dans ses flancs sont creusés de vastes souterrains servant de caves publiques appartenant à la ville, qui les afferme; les abords sont peuplés de débits de boissons.

C'est dans les flancs de l'Aventin que Virgile place la caverne de Cacus. Cette caverne fut le théâtre d'un siége régulier de la part d'Hercule. Rien d'émouvant comme le récit qu'en fait le bon Evandre à Enée :

« Le brigand avait obstrué l'entrée de sa caverne d'un énorme rocher. Hercule, après des efforts inouïs qui l'obligèrent à se reposer trois fois, parvint à renverser cette roche, qui alla rouler dans le Tibre et le fit refluer. Le héros se saisit alors du monstre, l'étouffe et le traîne par les pieds hors de ce hideux repaire qu'il trouva rempli de bestiaux et de rapines de toute sorte.

« *Abstractæque boves, abjurataeque rapinæ*
« *Cælo ostenduntur*..... » ([1]).

---

ventin, que se trouvait le Grand-Cirque de Romulus. Ce chef audacieux et habile, manquant de femmes pour peupler sa nouvelle ville, publia un programme de fêtes prolongées auxquelles accoururent tous les peuples voisins. A un signal donné, un ramassis de bandits et d'aventuriers fit main basse sur les vierges du pays des Sabins, qui payèrent ainsi chèrement la curiosité et le sentiment de vanité qui les avaient entraînées à la *vogue*; toutes restèrent entre les mains du nouveau roi.

Le cirque de Romulus pouvait contenir quatre cent cinq mille spectateurs.

([1]) Enéide, liv. viii, vers 190-207.

Nous ajouterons que, à l'extrémité méridionale du Palatin, s'élève la magnifique villa Farnèse, appartenant à François II, ex-roi de Naples, qui a vendu à Napoléon III toutes ses propriétés sur cette montagne. Ce palais est entouré de bosquets; on y voit un palmier d'environ 20 mètres. Au sommet de la montée dont nous avons parlé, existe la résidence du ministre des travaux publics, vrai palais aussi. A la mi-janvier, tout ce vaste plateau était couvert de roses, comme chez nous en juin. On ne peut visiter cette célèbre montagne que le vendredi de chaque semaine.

Enfin, à l'extrémité sud-ouest de l'Aventin, se trouve la porte monumentale et antique de *San-Paolo*; à côté, à droite de la rue d'Ostie, apparait la pyramide, soit le tombeau de Caïus Sextius, de 125 pieds d'élévation.

TABLEAU XII

LE MONT CŒLIUS (IL CELIO).
LA BASILIQUE DES SS. JEAN ET PAUL. — SAINT-JEAN-DE-LATRAN.

Le Capitole, le Forum, les ruines du temple *della Pace* et le Colisée, telle est la ligne principale qui sépare nettement Rome actuelle de la cité antique qui porte si noblement son voile de grand deuil, étendu sur le gigantesque catafalque des sept montagnes. C'est au pied du Capitole que finit la ville actuelle, avec la rue *Via del Carcere Mamertino*, devant les cachots Mamertins, où saint Pierre et saint Paul passèrent neuf mois, ainsi que je l'ai dit. Cette rue se bifurque là; à droite elle longe le Palatin et l'Aventin (nous l'avons dit), et va rejoindre la grande route d'Ostie, au pied de la pyramide C. Sextius; l'autre continue sa direction le long du *Forum*, le coupe pour passer sous l'arc de Titus, descend sous l'arc de *Costantino* et fléchit à angle droit au S.-E. en sortant de ce haut portique. De là elle suit un petit vallon qui sépare le *Palatin* du mont *Cœlius* (il Celio), ce dernier se reculant un peu à l'est, et présentant un ovale assez allongé est terminé en pointe à l'ouest; ce cap est couvert de dômes resplendissants, de villas noyées dans les bosquets; un vaste monastère en couronne l'extrémité. Cette montagne n'est pas abrupte de rochers comme l'Aventin, qui, placé tout près, n'offre que l'image de la mélancolie; on dirait qu'à lui seul a été confié le soin de pleurer la dispariton du peuple géant.

On évite ce détour en prenant vers le Colisée un sentier délicieux. Nous suivons la foule qui forme une procession continue, aller et retour; c'était un dimanche. Mais nous croirez-vous bien si nous vous disons que ce jour là, 27 janvier, ces prairies avaient l'aspect des nôtres à la mi-mai; le tout était émaillé de blanches marguerites et d'autres fleurs. On respirait la fraîcheur dans ces allées où l'on cherchait encore l'ombre à trois heures du soir.

Les bosquets artificiels commençaient, en montant, à se marier aux touffes, aux lierres, aux buissons plantés par la main du temps sur des blocs de murs antiques en briques rouges. Ces buissons nous rappelaient ceux de Virgile, suspendus aussi à des précipices qui n'effrayaient pas les chèvres. Ce spectacle me ramenait délicieusement aux souvenirs de mon enfance pastorale déjà un peu adulte, dont je retrouvais ici l'image. La moindre des œuvres du Créateur, que je contemplais chaque matin aux premiers rayons du soleil, a encore sur mon imagination et sur mon cœur une influence infiniment plus forte que toutes les merveilles du génie dont je suis ici entouré et ébloui. Hélas! il ne reste de ce passé qu'un douloureux regret et je m'écrie avec le pasteur des Egloques :

« Non ego vos posthac.....
« Dumosâ pendere procul de rupe videbo. »

Mais des pensées plus graves m'absorbaient en approchant de la célèbre basilique des SS. Jean et Paul, située à mi-côte. On longe un chemin encaissé dans des pans de murs antiques, de dimensions incroyables, qui dominent ce chemin de 4 mètres; c'est une ombre profonde en tout temps, vu que ces monticules de briques sont chargés d'arbres très-touffus. Le temple lui-même est bâti sur ces contre-escarpes, ces voûtes, ces souterrains qui font le tour de la montagne dont ils sont les appuis; tout cela formait les fortifications antiques.

Cette célèbre église remonte à une haute antiquité. On fait, au 26 juin, la fête solennelle des deux apôtres auxquels elle est dédiée. Au devant de la grande porte sont sculptés, au pied du portail, deux lions gigantesques dont la face est toute mutilée. Le vase est à trois nefs très-spacieuses. Au milieu de la nef centrale s'élève une balustrade carrée renfermant une grande plaque de marbre blanc en forme de traqpe (car nous pensâmes qu'elle recouvre un escalier conduisant à une crypte). Nous y lûmes cette inscription en lettres incrustées et dorées :

« Locus martyrii SS. Joannis et Pauli in ædibus propriis. »

D'après cette inscription, les deux saints apôtres avaient là leur maison d'habitation, dans laquelle ils furent mis à mort pour la foi, et sur son emplacement, on a élevé cette basilique à leur mémoire. Sa structure me parut unique : les arcatures des piliers ne se joignent pas au milieu de la voûte, dont ils laissent vide environ un tiers.

L'église des Saints-Jean-et-Paul se trouve à gauche et à huit minutes du grand chemin, qui se continue jusqu'au sommet de la colline, à travers des jardins et des propriétés particulières ; ce plateau n'a plus rien de la nature agreste et demi-sauvage des versants. Plus haut se trouve la *villa Celimontana*, magnifique palais que la distance m'empêcha de visiter.

A l'extrémité S.-E , sur une légère pente, s'élève la célèbre basilique de Saint-Jean-de-Latran, la plus grande de la ville après Saint-Pierre, si on peut appeler ville une continuité de faubourgs débordant jusque-là, trop-plein de la cité moderne, dont les membres croissants rompent sa première enceinte comme l'enfant fait sauter ses premiers vêtements. Plus de 8 kilomètres nous séparent ici de Saint-Pierre, placé à l'extrémité N.-O. de Rome.

Nous n'entrerons point ici dans des détails qui nous mèneraient dix fois trop loin. Nous dirons que, comme Saint-Pierre est la métropole du monde catholique, Saint-Jean-de-Latran est la métropole de Rome, et en cette qualité, la cathédrale du Pape, en tant qu'évêque de cette ville. La basilique a cinq nefs comme Saint-Pierre, comme Saint-Paul. Outre les pilastres carrés qui séparent la grande nef des autres, et dans lesquels sont incrustées des niches en forme de dômes renfermant les statues des douze apôtres, de 3 mètres et plus, on compte dans cette vaste enceinte plus de trois cents colonnes et colonnettes distribuées en divers groupes ou isolées, selon leur destination. Le pavé est tout en mosaïque, petites pièces carrées, en marbre de toutes couleurs ; les plus gros n'ont pas 4 centimètres de surface. Ces pièces placées perpendiculairement, sont si fortement cimentées que je ne pus en arracher un petit brin qu'en y laissant la pointe de mon couteau.

Le tabernacle, chose rare à Rome, est gothique et d'un travail impossible à décrire : il a plus de 25 mètres de haut; un dais majestueux l'ombrage. Ici, à rebours de nos églises, et comme à Saint-Pierre, le maître-autel regarde le peuple : il est placé à la croisée des nefs.

La façade, très-élevée (36 mètres au moins) et en plate-forme, est hérissée de statues colossales. Au milieu de la place, d'une étendue surprenante, s'élève un obélisque presque aussi haut que celui de Saint-Pierre. En face se trouve un monument vénéré : c'est la *Santa-Scala* (le Saint-Escalier), le même que le Seigneur Jésus monta et descendit dans la maison de Pilate. Les marches en marbre blanc et au nombre de vingt-huit (sauf erreur), sont recouvertes en bois pour éviter les dégradations. On gravit à genoux cet escalier; et comme je commençais, ne sachant rien, à le monter à pied, le vénérable chapelain me réprimanda vertement, me disant que cela était *prohibito*. Un mot d'explication lui rendit sa douceur, et il me fit ses excuses. Arrivé au sommet, je me trouvai en face d'une chapelle remplie de lumières ardentes brûlant je ne sais devant quelles reliques. Je lus sur la porte ces mots qui me surprirent d'autant plus que j'étais inondé des divines splendeurs réfletées de toutes parts par les reliques des confesseurs, des martyrs.

« Non est alius sanctior in toto orbe locus. »
« Aucun sanctuaire sous le soleil n'est plus saint que celui-ci. »

TABLEAU XIII

LE PONTE MOLLO ET LE CORSO.

Le lecteur connaît la *Porta* et la *piazza del Popolo* qui forme un triangle régulier, dont cette place et le Vatican seraient la base et le *ponte Mollo* le sommet. Parcourons ensemble et rapidement les deux côtés de ce sommet, c'est une excursion de 6 milles (deux heures) à travers les campagnes romaines.

Dès qu'on a franchi la *porta Angelica*, au pied de la place *del Colonnato*, on suit pendant 3 kilomètres, une large route à travers des prairies grasses et des champs cultivés, entre le *monte Mario* à gauche, et le Tibre à droite (rive droite). Le *Mario*, accidenté de vallons, coupé d'aspérités parfois abruptes, parsemé de grosses maisons de ferme (*podere*), fréquemment couvert de troupeaux, et couronné, sur ses pointes, de villas, rappelle nos sites alpestres, contraste saisissant aux portes d'une cité si grande. Le long du chemin, encore des fermes et des troupeaux couvrant les prairies, et cela entre décembre et janvier. La route devient un peu solitaire le long d'un assez brusque détour du fleuve au midi : de vastes plantations de joncs (¹) couvrent les rives. En cet

(¹ Ces plantes forment une importante branche de commerce:

endroit le Tibre offre une largeur de 450 pieds. Bientôt on se trouve en face du *ponte Mollo* (Pons Milvius) (¹) qui repose sur plusieurs arches (six, si nous avons bonne mémoire) : c'est là que la route que nous venons de parcourir joint la célèbre voie Flaminienne. Ce pont a une longueur de 300 pieds au moins ; sur la porte voûtée qui lui sert d'entrée, on lit ces mots : *Mariæ Immaculatæ*, accompagné de ceux-ci : *Macula non est in te*. Et un peu plus bas, une autre dédicace *Sancto Joanni Nepomuceno* (à saint Jean Népomucène). En quittant le pont, la large *via Flaminia* continue vers l'est en ligne droite pendant 4 kilomètres à travers une plaine unie, jusqu'à la *Porta del Popolo*. Les villas, assez rares d'abord, deviennent plus nombreuses et plus ornées à mesure qu'on approche, au point que, dès un demi-kilomètre avant d'arriver, elles forment un vrai faubourg.

Maintenant que nous sommes rentrés sur la place *del Popolo*, nous allons jeter ensemble un rapide coup d'œil sur la grande artère de Rome, la célèbre rue du *Corso* que nous n'avons fait qu'indiquer en son lieu. Nous avons parlé de ses deux sœurs, les *strade di Spagna* et *Ripetta*, qui forment avec elle les veines de la grande cité. Nous n'avons ici en vue que quelques mo-

---

on en expédie une énorme quantité à l'étranger, soit pour la pêche, soit pour les cannes à mains. Les vignes ne connaissent pas d'autres échalles.

(¹) C'est près de ce pont qu'eut lieu la mémorable bataille entre l'empereur Constantin et le tyran Maxence. Une croix lumineuse accompagnée de ces mots : « Tu seras victorieux par ce signe », avait promis la victoire à Constantin ; son ennemi fut jeté du pont dans le Tibre.

numents à relater; une description un peu détaillée pour le *Corso*, prendrait un volume. Depuis la porte *del Popolo*, nous trouvons d'abord à droite la grande basilique de *San Carlo in Corso*, avec sa coupole élevée et sa noble architecture; — plus loin *San Lorenzo in Lucinà*; — *San Silvestre in Câpite*; — *Sant Ignazio*, annexée à l'immense collège romain dont la façade n'a pas moins de 130 mètres de long. — A gauche, *San Marcello*; — à droite, *Santa Maria in viâ Latâ*; — *San Marco*, et l'immense basilique *del Gesù*, où le pape va entonner le *Te Deum*, et donner la bénédiction au 31 décembre de chaque année. Quant aux nombreux palais, de dimensions plus ou moins colossales qui bordent le *Corso*, ils sont au-dessus de toute description, et il serait inutile d'en parler. Nous nommerons seulement le *palazzo Madama*, situé à l'extrémité méridionale de la rue, faisant angle au *Corso* et à la place *di Venezia* qui remplace l'interminable *Corso*. Ce palais a cinq étages comme la plupart des palais de Rome; c'est au deuxième étage qu'a vécu et qu'est morte, en 1839, Mme Lætizia Bonaparte, mère de l'empereur Napoléon Bonaparte; on l'appelle encore *palazzo Lætizia*. J'ai visité la cour, les jardins, les escaliers de ce vaste palais; les statues des personnages célèbres de l'antiquité y sont à profusion. J'ai noté Théophraste, Homère, Aristide, Anacréon, Sénèque, Brutus, Cicéron, Hypocrate, Gracchus.

Le palais *Madama* appartient aujourd'hui à un prince *Gabrielli*, allié de la famille Bonaparte. Presque en face, s'élève le palais d'*Austria* ([1]), vaste bâtiment, qui occupe

---

[1] D'Autriche.

deux faces de la place *di Venezia* : comme une forteresse, il est crénelé d'un bout à l'autre; c'est le seul monument de ce genre à Rome. Il appartient à l'empereur d'Autriche qui y loge son ambassadeur près le Saint-Siége.

Le *Corso* fait face à la vaste place *degli Apostoli* dont il est séparé par la rue *della Ripresa dei Barberi* : une autre rue partant du palais d'Autriche, conduit au *Forum Trajanum*, et de là sur l'immense place de l'*Ara-Cœli*, au pied de la montagne Capitoline (voir plus haut la description de ces lieux).

Je ne dois pas quitter le *Corso* sans dire un mot de la *piazza Colonna* qui en fait en quelque sorte partie, puisqu'elle lui est attenante. Mais pour cela, il nous faut rétrograder d'environ 1 kilomètre. En suivant cette immense rue, depuis la porte *del Popolo;* après les deux tiers et plus de son parcours, on trouve à droite la *piazza Colonna*, de forme carrée, ornée de palais sur les trois faces (la quatrième donnant sur la rue). Elle est ainsi nommée de la Colonne Antonine, digne pendant de la fameuse colonne Trajane dont nous avons parlé, et à laquelle elle est un peu inférieure en hauteur. La colonne Antonine fut érigée par Marie Aurèle à la mémoire de son père Antonin le Pieux (Antonino Pio). Comme sa sœur la Trajane, elle est couverte de bas-reliefs en spirales représentant une immense variété de batailles; sa hauteur, sans le soubassement de 10 mètres, dépasse 33 mètres. Elle est couronnée de la statue de l'apôtre saint Paul.

Une rue conduit de la place *Colonna* à la place du *Monte-Citorio*, moindre de moitié en dimension : au milieu s'élève un magnifique obélisque. C'est sur cette place que se trouvent les bureaux de toutes les administrations et ceux de la police municipale, répartis dans un gigantesque palais de noble architecture.

Presque en face de la *piazza Colonna*, c'est-à-dire à droite en retournant à la porte *del Popolo*, s'ouvre sur le *Corso*, la *via della Mercede* où j'ai laissé un souvenir de cœur. Un officier des zouaves, le capitaine Vinet, avec lequel j'étais lié, m'avait indiqué le quartier militaire qu'habitait M. de Maistre (¹), mon illustre compatriote, lequel avait son logement *via dell'Impresa*, 111, à côté de la place *Colonna*. Je l'y trouvai; mais comme il n'était là que pour les affaires de son département, il me désigna sa résidence de famille, *via della Mercede*, 42. M'étant rendu à cette invitation au jour fixé, j'eus la bonne fortune d'y trouver cet officier supérieur que les gens de service me nommaient *il signor Colonello*. Après avoir traversé une pièce, je suis introduit par mon bon hôte dans un salon où se trouvait une matrone toute jeune, entourée de deux ou trois bambins blonds et rosés : c'était Mme de Maistre (avec sa jeune famille), devant un foyer flamboyant, le seul que j'eusse encore vu et que j'aie vu à Rome, bien que ce fût en plein hiver. M. le *Colonello* me fit alors passer dans son cabinet, et daigna m'entretenir pendant plus d'une demi-heure qui eut pour moi la durée de deux minutes, tant j'étais heureux de retrouver un compa-

---

(¹) M. de Maistre était alors capitaine d'état-major dans les troupes de lignes pontificales. Il est le gendre de M. Bernard, frère de M. le comte actuel de Menthon, près d'Annecy.

triote si loin de mon pays, et tant j'étais émerveillé de cet accueil affectueux, sincère et plein d'abandon naïf, comme sous la tente d'un patriarche. L'excellent compatriote, après m'avoir serré plusieurs fois la main, daigna se recommander aux prières du pauvre pèlerin à la veille de son retour, et me pressa une dernière fois la main en y glissant le petit viatique auxiliaire du retour, et me souhaitant une heureuse traversée maritime.

Un peu plus loin, toujours dans la même direction, le *Corso* est coupé à angle droit par la magnifique *strada dei Condotti* aboutissant à l'escalier de la basilique *della Trinità dei Monti*; c'est dans cette rue, bordée de brillants magasins, que se trouvent les bureaux des Messageries alors impériales, qui me fournirent le navire-vapeur le *Pausilippe*, sur lequel je fis le trajet de Civita-Vecchia à Marseille.

Le *Corso* est le grand centre des collections artistiques; l'orfévrerie, la bijouterie fine, les ateliers de sculpture et de tableaux d'une valeur inappréciable, et respirant la vie.

« ...Vivos ducent de marmore vultus. »

Toutes ces merveilleuses créations du génie font de cette immense rue un musée colossal.

Le *Corso* est la seule rue de Rome qui offre une surface en bosse comme celles des autres villes; les autres sont toutes en berceau, c'est-à-dire creuses au milieu, ce qui est loin d'être agréable dans une latitude où les averses si promptes et si abondantes, changent subitement les voies publiques en véritables torrents.

Le nombre des églises renfermées dans la Ville-

Eternelle dépassant le chiffre 420, sans compter les innombrables chapelles intérieures des couvents ou de quelques palais, j'ai dû me borner dans cette notice, aux basiliques et à quelques autres des plus notables à un titre quelconque.

Je dois ajouter à ce tableau succinct Sainte-Agnès, sur la *piazza Navona;* — *San Lorenzo in Lucina* au *Corso;* Saint-Roch, Saint-Jérôme, *de Campo Marzio*, rue *Ripetta; Sant Agostino*, attenant au Séminaire Romain ([1]) et la belle église de *San Luigi dei Francesi*, à l'extrémité de la grande rue *Ripetta*.

C'est dans l'aile qui joint le Séminaire à cette église que se trouvent la secrétairerie et le dépôt des Saintes-Reliques, sous la direction du cardinal-vicaire, S. E. Mgr Patrizzi ([2]) qui daigna m'accorder toutes les parcelles de reliques que je lui demandai. Le gardien du sacré dépôt est de tout point digne de le représenter. C'est lui qui place les reliques dans les boîtes de métal plus ou moins

---

[1] Le Séminaire Romain est attigu au Séminaire Pie, bâti à neuf par le Pape actuel; ils communiquent l'un à l'autre par une galerie en forme de pont jeté sur la rue. Ces deux établissements ne renferment aucun pensionnaire; les séminaristes, tous externes, se logent et vivent à leurs frais. Tous les cours se font au Séminaire Romain. Le Séminaire Pie renferme les appartements du cardinal Patrizzi qui m'a toujours honoré d'une bienveillante sollicitude, et plus d'une fois d'une familière intimité. C'est lui qui, en 1856, alla conférer solennellement le baptême au prince impérial : on sait quelle a été la gratitude du *futur* ex-empereur, pour ce haut témoignage de la condescendance du Pontife suprême.

[2] Le cardinal Patrizzi est évêque de *Porto* et *Santa Rufina*: archiprêtre de la basilique Libérienne (Sainte-Marie-Majeure); vicaire-général de Sa Sainteté le pape Pie IX.

précieux, que le solliciteur se procure à ses frais, elles se nomment *techa*, dont le prix varie selon leur qualité : elles renferment des cases selon le nombre de parcelles demandées.

Je crois faire plaisir au lecteur en mettant sous ses yeux les inscriptions écrites en grands caractères sur le frontispice du Garde-Reliques, vaste armoire en bois précieux, placée dans le vestibule de Mgr le Secrétaire des reliques.

1re inscription : Sancti et justi in Domino Gaudete.
2e   id.   Dedisti ei locum nominatum.
3e   id.   Ipsi possident palmam.

Traduction. 1re Saints et justes réjouissez-vous dans le Seigneur.
2e Vous leur avez donné une place d'honneur.
3e Ils possèdent la palme de l'immortalité,

TABLEAU XIV

USAGES — CARACTÈRE — MŒURS.

Mes souvenirs intimes de la Ville-Éternelle réclament ici une place pour certains usages où se peint au naturel le fond du cœur et des tendances morales du peuple romain, et qu'on ne retrouve dans aucune relation des touristes par métier, croyant avoir beaucoup mérité du public en lui jetant à la face le plan linéaire d'une ville, ou les accidents de terrain d'une grande route. Je me bornerai à deux ou trois spécimens dans la nombreuse variété.

Pendant l'octave de Noël, et même jusqu'aux Rois, les grandes églises offrent un spectacle des plus animés et des plus attachants. Vous avez devant vous, dans le sanctuaire, deux estrades en forme de chaire, placées en face; sur chacune vous apercevez une jeune fille de douze à quinze ans, qui interpelle sa partenaire avec le ton d'un examinateur scolaire, et ne lâche prise que lorsqu'elle l'a réduite au silence, ou que la répondante ne l'ai réfutée sans réplique : jugez de la vivacité du combat, par la vivacité du tempéramment, la volubilité de la langue, l'énergie de l'accentuation, la couleur des images italiennes. Ces joûtes, roulant presque toujours sur les grands principes du dogme et les préceptes de la morale, durent quelquefois plus d'une heure, et sont souvent suivies d'une seconde séance le même jour : la foule est toujours grande, intriguée, recueillie, à ces spectacles où elle sait applaudir à propos, et avec éclat. Mais c'est surtout le dimanche que le public s'y presse à encombrer les vastes enceintes des basiliques.

Ces tournois religieux, destinés à fortifier la foi et à faire aimer la piété, ne manquent jamais de faire ressortir en fusées lumineuses la lumière céleste qui pénétra les épaisses ténèbres du vieux paganisme dans la nuit ou naquit *il divin Bambino*.

Ces exercices, pleins d'intérêt et de piquante curiosité, sont toujours présidés par un prêtre, quelquefois par une Eminence. C'est à *San Bartholomeo*, dans l'île du Tibre, et à l'*Ara-Cœli* que j'ai été témoin de ces conflits nouveaux pour moi.

J'ai à mentionner un autre genre d'exercices religieux : le catéchisme des aspirantes à la première communion; il s'agit toujours des filles.

Après les prières d'usage, un grand remuement s'opère : en un clin-d'œil vous voyez se former avec la précision d'une manœuvre militaire, des carrés plus ou moins nombreux, renfermant une trentaine de membres chacun. Au milieu du carré se tient debout une des plus grandes et des plus propres à la double tâche de l'interrogation et du commentaire : sa contenance est assurée, sa parole brève, son geste impérieux; le tout se fait en italien. A la fin, chaque élève-maîtresse résume, vite, elle rentre dans les rangs et les groupes sont dissous.

ici, c'est ordinairement une religieuse qui préside ces débats toujours fort animés. Quelquefois un prêtre y fait une courte apparition.

La population romaine, en admettant les exceptions inséparables des grands centres, et infiniment moins nombreuses ici qu'ailleurs, est éminemment empreinte du sentiment religieux. Les églises paroissiales, les basiliques, les chapelles des couvents sont presque toujours pleines pendant toute la matinée, et souvent jusqu'à midi; le recueillement y est absolu. Les chaises d'église, d'une seule pièce, n'ont point d'agenouilloir, et de cette sorte, elles ne servent qu'à s'asseoir : jamais je n'ai vu un assistant à genoux autrement que sur le pavé, sans appuyer même les mains sur le dossier du siège : jamais personne debout excepté à l'Evangile.

Si la physionomie de l'individu reflète ordinairement la situation de son âme, le maintien et les allures d'un peuple doivent aussi être consultés comme thermomètre plus ou moins fidèle de sa moralité. Eh bien, je dois noter en passant, que jamais à la rue, sur les quais, dans les promenades publiques, je n'ai vu un groupe formé de jeunes gens et de jeunes personnes : jamais un seul deux-à-deux. La famille, après avoir fait sa course sur la montagne ou sa promenade dans la campagne, rentre au logis comme elle en est sortie, sans s'être confondue avec aucune autre.

Une chose m'a surtout étonné : pendant les deux mois et demi que j'ai passés au milieu d'une population de 280,000 habitants, je n'ai jamais vu chanceler, dans la rue ou à l'intérieur des cafés ou *osterie*, un seul individu pour cause d'ivresse; jamais entendu un mot de dispute, jamais vu distribuer un coup de poing à ce sujet. Le Romain est très-sobre de sa nature; après le repas, il voit sans regret disparaître la *foglietta* (environ le demi-litre).

Le Romain, doué d'une réserve instinctive et d'un tact exquis, est par là même d'une logique sévère dans ses appréciations : il laisse un peu marchander ses sympathies avant de les livrer; mais une fois qu'il vous a connu, vous pouvez compter sur son dévouement, il fera pour vous l'impossible, et sans aucun calcul de retour. Quand vous le remerciez, il vous répond par ce mot du cœur : *padrono* ou *padrona* (maître), ou bien : *per servirla* (c'est à refaire de la part de votre serviteur). S'il vous prie d'agréer telle chose, il vous dit : *gradisca*, ou, *favorisca* (¹).

Le costume des campagnards (je parle des hommes), est totalement différent de celui des citadins. Culottes en majorité, ou pantalons en gros drap bleu, généralement déteint et rapé, surmontés souvent de guêtres en cuir tombant sur d'énormes souliers fortement ferrés : quelquefois des brodequins en étoffe ficelés en spirale jusqu'au genoux : pardessus le manteau de drap bleu n'ayant plus qu'une charpente délabrée, et enfin le chapeau conique invariablement orné à gauche d'une plume de paon ou d'aigle, tel est l'accoutrement des hommes, et même des gamins des campagnes romaines et des montagnards de la Sabine.

Quant à la toilette des femmes, elle est d'une simplicité primitive; une abondante chevelure noir d'ébène,

¹ Ces deux mots sont aussi son *plait-il?*

divisée en deux énormes tresses à deux branches, retenue par un petit peigne ordinairement en métal, quelquefois en or, et recouverte à moitié par un fichu sombre ou par la partie supérieure d'un large châle descendant jusqu'aux genoux; des pendants d'oreille en or ou en corail, tombant presque jusqu'aux épaules; des robes à larges plis et traînantes, peu amples et de couleur voyante; tel est l'accoutrement féminin. C'était dans le moment où la crinoline et le chignon étaient à leur apogée; or, je n'ai jamais aperçu ni le ballon ni l'énorme tubercule qui exerçaient dans nos villes une dictature suprême. Dès lors vous auriez vainement cherché dans toute la grande cité un seul magasin de toilettes de tête, et une banderolle de rubans flottant sur un chapeau ou un bonnet.

J'ai mentionné le costume des campagnards et des gens de la montagne. Celui des citadins de la classe moyenne, bien qu'il soit un peu plus élégant, s'en rapproche beaucoup pour l'ensemble. La mise de la bourgeoisie est à peu près la même que chez nous : paletots, lévites à taille, pantalons collants, chapeaux à forme. La blouse y est inconnue.

La taille du Romain, d'une belle moyenne, est bien prise, droite, ferme et déliée; ses traits réguliers respirent la santé, et accusent l'énergie du caractère : ses yeux, généralement noirs et peu saillants, son teint légèrement bronzé, le nez généralement droit et effilé. La différence de stature entre les deux sexes m'a paru moins sensible ici que dans nos contrées: les femmes y sont plutôt au-dessus de la moyenne ordinaire. La démarche, dans les rues, est mesurée, l'air sérieux et préoccupé, peu de conversations sur la place : c'est le va et vient solitaire et affairé de l'abeille allant à sa tâche.

Le cri de joie, de surprise ou d'admiration est : « Dio mio ! — Dio Santo ! Santa Maria ! » son juron ordinaire : « Accidente ! Contento ! per Cristo ! San Pietro ! San Paolo ! » (ce dernier est le plus commun). A ce sujet, je me rappelle encore, et non sans en avoir souvent ri *in petto,* que descendant une fois du Janicule, je trouvai au bas de la montagne un citadin portant un fagot de débris de joncs : tout-à-coup le lien saute, le fagot se dissous, les joncs se sauvent. Savez-vous quel remède emploie le bûcheron pour guérir ce désastre ? « Che venga il Diavolo con tutte le sue corne » exclame-t-il d'une voix fulminante. (Que le Diable vienne te prendre avec toutes ses cornes).

Pour compléter ma revue morale sur la capitale du monde catholique, il me reste à mentionner rapidement quelques-uns des innombrables établissements créés sous l'influence de la charité chrétienne en faveur des classes indigentes de la ville et de l'étranger, sans distinction de nationalité ou de communion religieuse. Nous citerons seulement deux de ces maisons de bienfaisance : 1° la *Trinitâ dei Pellegrini,* tout près du *ponte Sisto* sur la gauche du Tibre, où les étrangers munis de papiers en règles, sont nourris et logés pendant deux jours et deux nuits, et couchés pendant trois nuits ; 2° *Santa Galla,* près du *ponte Rotto,* sur la rive gauche du fleuve, qui, sans donner la nourriture, loge la nuit, pendant un temps défini, réclamé par un état d'indigence bien constaté, soit les étrangers, soit les indigènes.

Mais toute aumône n'est pas de pain, dit un sage proverbe. Tandis que les hospices donnent la pâture matérielle, l'aumône de l'âme, sous le nom d'édification, est offerte partout, sur les places comme dans les maisons. Vous ne traverserez pas un carrefour, vous ne tournerez pas une rue sans voir sur l'angle ou sur les angles des façades, un oratoire, souvent en marbre, toujours orné de fleurs, appliqué au mur, ou creusé dans icelui. Vous n'entrerez jamais dans un établissement alimentaire, *caffé*, *trattoria*, *osteria*, sans y voir une niche ou un oratoire suspendu, renfermant une statue de la Sainte Vierge en marbre ou en métal précieux, accostée de fleurs, et précédée d'une lampe en tout temps allumée; souvent il y en a une de chaque côté. Il en est de même pour les oratoires des rues. Frappé, aux premiers jours, de ce spectacle, je me surprenais quelquefois à me demander quelle jolie caricature offrirait la physionomie d'un gros libre-penseur quelconque, si la photographie venait le surprendre en contemplation d'une statue de la sainte Vierge entourée d'un cierge et de vases de fleurs dans un café de nos cités savoyardes, où la sève religieuse est pourtant encore si verte!...

Le souhait de bonsoir des Romains est celui-ci: « *Buona*, et le plus souvent, *felice notte.* »

Les denrées alimentaires, soit les vivres, s'expriment par ce mot unique: « *La robba.* » — Nulle part je n'ai vu la vie à aussi bas prix; une hausse relativement insignifiante serait bien vite suivie de ce mot: « *la robba è cara.* ».

Dans toute la Ville-Eternelle, vous ne trouverez pas un appartement en bois soit plancher: tout est pavé en briques. Les salons des palais, si fréquents partout, offrent des compartiments en marbre.

Il en est de même pour les foyers dénommés chez nous cheminées : ici ils sont inconnus; chaque cuisine se compose d'un potager à grillages et de vases en terre; les marmites y sont à peu près inconnues. Dans les grandes *Osterie* ou *Trattorie* (nos hôtels à nous), vous apercevez d'immenses potagers ne formant qu'une grille continue, couverte d'un bout à l'autre de pots à feu : le cuisinier armé d'un énorme soufflet de plumes d'aigles, fait la navette autour du brasier, soufflant continuellement par dessous ses casseroles en ébullition. Ces grillages-potagers occupent toute une des faces de la cuisine.

Les chaussures en laine, bas et pantoufles, ainsi que les sabots sont des meubles totalement ignorés. Bas de coton blanc en tout temps. Les souliers lacés, inconnus des femmes, sont très-rares chez les hommes; tous ceux du clergé, séculier et régulier, sont garnis de boucles en argent ou en acier.

Le surplis romain, à manches d'habit, ne dépasse pas la ceinture; l'aube ne va que jusqu'à mi-jambe. La chasuble n'a que deux galons, ne faisant pas la croix; la dalmatique, à l'ouverture de l'épaule, laisse pendre deux énormes glands tissés d'or ou d'argent,

MA VISITE A PIE IX

A propos de l'entrevue, à jamais mémorable pour moi, que daigna m'accorder en particulier, Sa Sainteté l'immortel Pie IX, mentionnée dans mon livre sur *Saint-Pierre de Rome*, plusieurs personnes m'ont exprimé le regret de n'y avoir pas trouvé le cérémonial de ces sortes de visites, ainsi que le texte du compliment improvisé que j'adressai au Saint-Père. Je crois faire plaisir au lecteur en satisfaisant sa curiosité à ce sujet.

Muni de la puissante recommandation du R^d P. Antonio *della Madre di Dio*, Supérieur-Général de l'Ordre des Trinitaires, à Rome, auquel je suis redevable de tant de faveurs, je me présente devant S. Em. le cardinal Pacca, Maître-de-Chambre (*Maestro di Camera*) de S. S. : ma supplique est acceptée et enregistrée. On m'assigne le lendemain pour aller prendre ma carte imprimée (*la sua carta stampata*). Le lendemain, vers les trois heures, je me rends au palais à cette fin : c'était la seconde fois. Enfin on m'indique le lendemain à la même heure pour la visite.

Le lendemain donc, 30 janvier, je me rends pour la troisième fois au Vatican. On me fait passer successivement dans trois salons tout resplendissants de marbre, de tableaux hors de prix, de magnifiques tentures. Chaque salle, vaste comme une église, était peuplée de gardes en brillant costume : dans la dernière, se trouvaient les gardes-nobles. Dans chaque pièce on me disait : « *Aspetta qui, Signore, un momentino* » (Monsieur attendra là un petit moment) et ce *momentino* se trouvait toujours de vingt minutes environ. Enfin, étant debout dans le dernier salon, un camérier (veste et culotte rouge, et bas de soie jaune) vient me dire : « *Bisogna porvi à ginocchi, va venire il Santo Padre,* » (il faut vous mettre à genoux, le Saint-Père va arriver). Et à l'instant je vois, en effet, sortir d'un cabinet voisin cette majestueuse figure de Pie IX, qui s'empare à la fois de toutes vos facultés physiques et morales, et dont le coup-d'œil vif comme l'éclair, exerce sur tout ceux qui l'approchent la puissance d'une fascination. Avec un sourire intraduisible, il me tend de loin la main et me présente ensuite le pied droit à baiser.

Or, pendant le trajet du monastère de *San-Crisogono* (résidence du P. Antonio ci-dessus) au Vatican, distant de 4 kilomètres, j'avais improvisé quelques pensées plutôt qu'un compliment; mais voyant tant d'appareils au palais, il me sembla d'abord impossible de prononcer deux mots suivis. Eh bien! le croirez-vous? j'entamai mon petit discours avec un sang-froid qui m'étonna et m'étonne encore. Le Saint-Père était là en face; à côté de lui trois ou quatre cardinaux; à côté de ceux-ci et débordant en demi-cercle, une vingtaine de dignitaires-prêtres; à côté, les camériers et les gardes-nobles qui s'étaient rapprochés pour entendre le Cicéron savoyard; eh bien! tout cet entourage désespérant ne lui fit pas perdre une parcelle de son assurance, ni une syllabe de son compliment.

J'arrive à la formule et au texte du permis de visite, y compris la disposition typographique. Il est ainsi conçu :

D'all' anticamera pontificia.
Vaticano, 29 gennaio, 1867.

E pregato, giungendo in
anticamera di esibire il
presente biglietto.

Si previene l'Illmo. Signor Pietro Vachoud, che la sua Santità si dignera ammeterlo al baccio del S. piede mercoldi 30 corrente, alle ore 3 1/2 pomeridiane ([1]).

Il Maestro di camera de SS.,
B. Pacca.

(Il n'y a d'écrit à la plume que mes nom et prénom).

Selon l'invitation que j'avais reçue, je m'étais jeté à genoux à l'arrivée du Pontife Suprême ; après le double baiser de l'anneau et du pied, je dis en forme de texte :

Quâm speciosi pedes evangelisantium pacem ! Après quoi j'abordai mon panégyrique d'un laconisme pur sang : le texte est celui-ci :

« Très-Saint-Père,

« A cette époque de pénurie intellectuelle et surtout

([1]) De l'antichambre pontificale. — Vatican, le 29 janvier 1867. — Le visiteur est prié d'exhiber, en entrant, le présent billet. — L'Ill^{me} M. Pierre Vachoud est prévenu que Sa Sainteté daignera l'admettre au baiser de son S. pied, mercredi 30 du courant, à trois heures et demie de l'après-midi.

morale, je me suis rappelé que Jacob dit un jour à ses enfants : « Pourquoi nous laisser mourir de faim, tandis qu'on vend du blé en Egypte? » Moi aussi, Très-Saint-Père, je profite de mon séjour à Rome pour y faire provision d'un grain autrement précieux. En conséquence, Très-Saint-Père, je viens supplier Votre Sainteté de bénir aussi puissamment que le saint Patriarche le fit de ses enfants : moi; mon frère qui habite aussi une Rome, mais la Rome protestante, Genève; mes parents, amis, bienfaiteurs, et ma patrie toute entière. »

— « Mon fils, *ce n'est pas trop mal;* qu'il vous soit fait selon les désirs de votre cœur, » et il me donne sa bénédiction dans le sens de la demande. Il me présente une seconde fois sa main et son pied droit à baiser, et m'invite à me lever.

A propos de la Rome protestante par moi nommée, son œil ardent s'anime encore, sa noble figure devient radieuse, et il me dit : « Est-il vrai que les catholiques s'accroissent si vite à Genève, qu'ils y sont bientôt aussi nombreux que les protestants? »

— Très-Saint-Père, les catholiques à Genève, c'est le grain de sénevé de l'évangile. « *Lapis factus est mons magnus* (¹). » Cette réponse parut faire tressaillir le cœur du grand Pontife.

Comme il allait se retirer, je me permis de lui demander un souvenir matériel, au moins une médaille. Il porte la main vers sa poche, et me dit : « de médailles, je n'en ai point en ce moment sur moi : repassez demain et je vous en ferai tenir une. » Le lendemain je retourne au

---

(¹) La petite pierre est devenue subitement une haute montagne.

Vatican, et raconte mon cas à un cardinal que je rencontre dans une salle. — *Aspetta un momentino*, me dit S. Em : et dans quatre ou cinq minutes, il me rejoint en me disant : « *Ecco-ne due che m'ha date il Santo Padre,* » et il me donne deux médailles de l'Immaculée-Conception de la part du Pape.

On comprendra, sans que je le dise, le sentiment de jubilation qui me poussa comme instinctivement dans la grande basilique, pour témoigner, sur le tombeau de mon saint patron, ma reconnaissance à l'Auteur *de tout don parfait*. Comme je l'ai dit dans mon livre sur *Saint-Pierre de Rome*, les vagues de la Méditerranée n'avaient plus pour moi aucun danger.

La taille de Pie IX est au-dessus de la moyenne, droite et souple; sa figure encore pleine est empreinte d'une sereine majesté, son regard vif et pénétrant. Le timbre de sa voix est d'un volume et d'une sonorité extraordinaires, mais flexible et caressant.

J'aime à penser, et j'espère que cet aperçu photographique du vénéré Chef de la catholicité n'aura pas subi une notable altération depuis cette époque.

NOTES COMPLÉMENTAIRES
MÉLANGES.

La description du mont Janicule (Chap. iv), m'a amené à mentionner l'immense étendue de l'horizon des plaines au midi de Rome. *Les Marais-Pontins* faisant partie de ces plaines, je crois à-propos d'en dire deux mots.

Pline le naturaliste, mentionne cinquante petites républiques et trente-trois villes disséminées autrefois sur l'emplacement des Marais-Pontins; tout cela avait disparu avant lui.

Cet immense désastre est dû au débordement de l'Astura, de la Ninfa, de la Teppia, du l'Ufanto, de l'Amazeno et de l'Aqua-Puzza, qui inondèrent la riche plaine qui s'étend de Pometium, ville dont il ne reste aucun vestige, jusqu'à l'île de Circé, sur une espace de 10 milles (¹). — Ces rivières, rompant leurs digues, se réunirent et inondèrent cette délicieuse contrée; leurs eaux, sans écoulement, corrompirent l'air des villes assises sur les hauteurs à de grandes distances. Rome même

---

1. Les 3 milles forcent l'heure.

dut subir et subit encore, avant les pluies d'automne, l'effet de ces émanations pestilentielles.

Nous saisissons ici l'occasion de faire connaître l'étimologie des Marais-Pontins, condiment obligé des légendes aux brigands. Ce nom vient de la ville de Pometium, ci-dessus mentionnée. On appela d'abord ces marais *Pometins*, et par double abréviation, *Pomptins* et *Pontins*, nom qu'ils ont retenu.

Le classique pont *Sublicius* (*ponte Sublicio*), coupé jadis par Horatius Coclès, n'offre plus que ses deux chaussées corrodées sur les deux bords du fleuve, et quelques bouts de pilotis échappés à l'action du temps. Il faisait communiquer le Janicule avec l'Aventin.

Tout à côté se trouve le débouché de la *Cloaca-Maxima* qui amenait au Tibre les immondices de la grande ville. Sa largeur était de 16 pieds, sur 13 de profondeur; une flottille pouvait ainsi manœuvrer sous les rues et les palais de l'antique cité. Cet énorme canal se dégorgeait dans le fleuve par trois ouvertures; les cours d'eau venant de plus ou moins loin des campagnes romaines, se trouvant réunis, nettoyaient continuellement ce souterrain.

L'ARA-COELI

Nous avons nommé, au chapitre v, à propos du Capitole, la basilique de l'*Ara-Cœli*. On lit au-dessus du maître-autel l'inscription suivante : nous la traduisons du latin.

« Ici se trouve l'autel si vénéré dit l'*Ara-Cœli* (¹), mentionné dans la légende de la Nativité du Sauveur, ainsi conçue :

« Sous le règne de l'empereur Octave, comme tout l'univers se trouvait assujéti à la domination romaine, le Sénat proposa de décréter qu'on eût à lui rendre les honneurs divins. Mais l'empereur, assez sage pour se reconnaître simple mortel, ne voulut point y consentir. Pressé toutefois par les instances du Sénat, il consent à faire appeler la prophétesse, pour apprendre de sa bouche si jamais il naîtrait un homme plus grand lui. Tandis que la Sybille priait dans ce lieu qui était alors la chambre du monarque, on aperçoit autour du soleil un cercle d'or au milieu duquel se trouvait une Vierge de ravissante beauté, tenant son enfant dans ses bras. La sybille montre cette vision à l'empereur, qui entend aussitôt

(¹) L'autel du Ciel.

cette voix : « C'est ici l'Autel du Ciel (*Hic est Ara Cœli*): sur le champ il fait construire cet autel, et offre de l'encens au Christ et à sa Mère. »

Il existe une autre version sur cette célèbre vision; celle-ci, au lieu de ces mots : « *Hoc est Ara-Cœli*, on lisait : « *Hic puer major te est, et ideo ipsum adora.* » (Cet enfant est au-dessus de toi, et tu dois l'adorer).

Rome est entourée d'une ceinture gigantesque de quatorze montagnes ou collines. Au premier rang figurent les sept monts primitifs qui formaient l'ancienne Rome. Ce sont les suivants :

Le Capitole, le Palatin, l'Aventin, le Cœlius, l'Esquilin, le Viminal, le Quirinal.

Les sept autres sont : le Janicule, la colline de la villa Pamphili qui en fait partie, le Vatican, le Mario, le Pincio, le Citorio, le Testaccio.

Le Mont-Citorio, est le seul qui soit renfermé dans la ville actuelle; le Quirinal en occupe aussi une immense étendue par ses faubourgs sans fin.

Le Testaccio est une montagne entièrement artificielle, ainsi qu'il a été dit en son lieu.

J'ai dit que le nombre des églises de la Ville-Eternelle dépassait le chiffre de 400, sans compter les chapelles intérieures des monastères et des palais.

Les paroisses, si j'ai bonne mémoire, sont au nombre de 48. — Le son de la cloche, qu'on appelle chez nous les *neuf coups*, dure ici un quart d'heure. — Le port du Saint-Viatique est annoncé par le son de la cloche et de la sonnette sur la porte de l'église, pendant près de huit minutes.

Dans les sépultures, après l'absoute, on récite une partie du chapelet, le *De Profundis* et le *Miserere*. Comme il n'y a qu'un cimetière, distant de 4 kilomètres du centre de la ville (du côté de Santa-Maria-Maggiore, à l'est, sur le mont Esquilino), tous les convois funèbres se font en corbillard couvert, et conséquemment, la rue ne voit jamais défiler, comme chez nous, la pompe d'une sépulture.

J'ai été témoin, pendant mon séjour, de la mort de deux cardinaux : LL. EEm. Cagiano et de Villecourt ; le premier au 15, l'autre au 19 janvier. J'assistai à la basilique *di Gesù*, à l'office funèbre de Mgr Cagiano ; l'absoute fut chantée par S. S. le pape Pie IX.

INVASIONS DE ROME

ROME A ÉTÉ PRISE :

1° Par Alaric, roi des Goths . . . . en l'an	410
2° Par Genseric, roi des Vandales.	455
3° Par Bélisaire	536
4° Pillée et dévastée par Totila	546
5° Par Arnolphe de Guido	896
6° Par Henri IV, empereur d'Allemagne. . .	1088
7° Par le connétable de Bourbon et l'armée de Charles-Quint.	1527
8° Par les révolutionnaires du tribunat Mazzini-Garibaldi-Saffi	1849
9° Par Victor-Emmanuel II, aujourd'hui roi d'Italie . . . . . 20 septembre	1870

P. S. — Je ne dois pas finir cette Notice sans mentionner la *piazza Navona,* la plus grande de Rome après celles de Saint-Pierre et de la *Porta del Popolo.* Elle tire son nom d'abord à cause de sa configuration en forme de barque, et ensuite parce qu'on l'inonde au mois d'août et qu'on s'y promène en bateaux. Au milieu s'élève une immense fontaine à plusieurs cataractes, surmontée d'un élégant obélisque. C'est la plus abondante de la grande cité après la fontaine Pauline sur le Janicule; elle se termine tout près de l'Apollinare, soit du Séminaire Romain, dont il a été question.

La gauche de cette grande place (en allant depuis le Tibre), est décorée de la basilique de Sainte-Agnès, une des plus splendides de la ville.

La *Navona* est le marché central de la Ville-Eternelle.

OUVRAGES DU MÊME

Relation d'une Mission à Arbusigny.

Réflexions d'un Passant, ou deux mots sur l'Homme et sa destinée.

Un Abri dans la Tourmente.

Un Édifice dans les Ruines.

Extraits inédits de la Correspondance et des Manuscrits du cardinal Gerdil.

Le Moderne Capitole ou Saint-Pierre de Rome.

www.ingramcontent.com/pod-product-compliance
Lightning Source LLC
Chambersburg PA
CBHW070531100426
42743CB00010B/2036